Verena Kast
Liebe wie im Märchen

Verena Kast

Liebe wie im Märchen

Der Weg zur geglückten Beziehung

Patmos Verlag

VERLAGSGRUPPE PATMOS

PATMOS
ESCHBACH
GRÜNEWALD
THORBECKE
SCHWABEN

Die Verlagsgruppe
mit Sinn für das Leben

Für die Verlagsgruppe Patmos ist Nachhaltigkeit ein wichtiger
Maßstab ihres Handelns. Wir achten daher auf den Einsatz umwelt-
schonender Ressourcen und Materialien.

Bibliografische Information der Deutschen Nationalbibliothek
Die Deutsche Nationalbibliothek verzeichnet diese Publikation in der
Deutschen Nationalbibliografie; detaillierte bibliografische Daten sind
im Internet über http://dnb.d-nb.de abrufbar.

Umschlaggestaltung: Finken & Bumiller, Stuttgart
Druck: GGP Media GmbH, Pößneck
Hergestellt in Deutschland
ISBN 978-3-8436-1018-6

Inhalt

Vorwort

Märchen erzählen uns von einer Welt, die wir als längst vergangen erleben, und dennoch enden sie mit der Formel: »Und wenn sie nicht gestorben sind, dann leben sie noch heute.« Diesen Geschichten gelingt es immer noch – und immer wieder –, uns zu fesseln. Märchen berühren unsere Vorstellungen und damit auch unsere Gefühle. Indem wir Märchen hören, wir uns auf die Bilder der Märchen einlassen, werden Bilder und die damit verbundenen Gefühle in unserer eigenen Psyche wach, in Resonanz zu diesen Märchenbildern. Unsere Bilder mögen ganz anders sein, modern. Aber angeregt worden sind sie durch die alten Bilder der Märchen, und als Folge davon fühlen wir uns belebt.

Im Nachdenken über das Märchen denken wir über das Leben nach, über uns selber, im Zusammenhang mit den Grundbedürfnissen der Menschen, wie sie in den Märchen ausgedrückt werden, aber auch mit dem Leiden, das Menschen immer einmal trifft. So geht es etwa um das nackte Überleben wie in *Hänsel und Gretel*, darum, wie denn verachtete Seiten, ausgedrückt im *Dummling*, doch noch zu ihrem Recht kommen, ja geradezu den sozialen Aufstieg ermöglichen. Oder es geht darum, eine verlorene Lebendigkeit wiederzufinden, wie in dem Märchen *Das Wasser des Lebens*, um nur einige Themen zu nennen.
Wichtige menschliche Lebensthemen, noch unbewusste Wünsche können wir im Märchen dargestellt finden,

meistens in der Eingangsszene des Märchens, und durch die Erzählung bekommen wir Anregungen dazu, welche Entwicklungsschritte zum Verwirklichen dieser Lebensthemen notwendig sein können. Denn das sagt uns das Märchen: Es sind immer Entwicklungswege, die zurückgelegt werden müssen, damit die Not gewendet wird, das verborgene Lebensthema in etwa realisiert werden kann, und diese Entwicklungswege sind immer auch vorhanden und möglich. Nun sind diese Hinweise in Märchensprache abgefasst, nicht in Ratgeberdeutsch, aber gerade das stimuliert unsere Fantasie und bewirkt, dass wir uns in diesem Nachdenken selber begegnen, dass sich in ihr unsere Innenwelt ausdrücken kann.

Die Märchen, die in diesem Buch gesammelt sind, handeln von der gegenseitigen Erlösung zweier Menschen. Dass dieses Hinfinden zu einem Partner oder zu einer Partnerin, die beide von den Problemen in ihrer Herkunftsfamilie geprägt sind, ein großes Thema ist, kann man auch an anderen Märchensammlungen erkennen. Viele Märchen handeln von diesem Thema und erzählen mögliche Lösungen dazu.

Menschen sehnen sich nach dem anderen Menschen, nach Bindung. Es ist aber gar nicht so einfach, zu einer verlässlichen Beziehung zu finden. Meistens ist der eine oder die andere »verwünscht«, »verzaubert«, oft sind es sogar beide. Psychologisch gesehen binden sich Kinder an ihre Eltern – von Geburt an, oder vielleicht auch schon früher –, und wenn es gut geht, erleben sie Sicherheit und Vertrauen in dieser ursprünglichen Bindung. Manchmal aber geht es nicht so gut. Diese Erfahrungen, die wir als Kinder machen, färben auch auf die späteren Beziehungen zu Freundinnen und Freunden, zu Partnerinnen und Partnern ab. Wir alle lösen uns von diesen frühen Beziehungen ab und wenden uns anderen Menschen zu. Was im Märchen als »verwünscht« dargestellt wird, heißt dann in der Sprache der Psychologie, dass wir zu sehr einem komplizierten Vaterkomplex oder einem komplizierten Mutterkomplex verhaftet sind, dass wir immer wieder dysfunktionale Beziehungen aus der Vergangenheit auf die neue Beziehungssituation übertragen – und das ist manchmal wirklich wie verhext. Gründe dafür gibt es viele.

Die Märchen, die in diesem Band gesammelt sind, erzählen von der Liebe und von den Hindernissen auf dem Weg zu einer verlässlichen Bindung, aber auch, wie man aus diesem »Verhextsein« oder »Verwünschtsein« herausfinden kann.

Ich danke Christiane Neuen vom Patmos Verlag für die Anregung, meine Märcheninterpretationen in dieser Zusammenstellung wieder neu aufzulegen, und für die wie immer gute Zusammenarbeit.

Verena Kast, November 2017

Bereit werden zur Liebe

Der Eisenhans

Entwicklung zur Beziehungsfähigkeit

» Es war einmal ein König, der hatte einen großen Wald bei seinem Schloss, darin lief Wild aller Art herum. Zu einer Zeit schickte er einen Jäger hinaus, der sollte ein Reh schießen, aber er kam nicht wieder. »Vielleicht ist ihm ein Unglück zugestoßen«, sagte der König und schickte den folgenden Tag zwei andere Jäger hinaus, die sollten ihn aufsuchen, aber die blieben auch weg. Da ließ er am dritten Tag alle seine Jäger kommen und sprach: »Streift durch den ganzen Wald und lasst nicht ab, bis ihr sie alle drei gefunden habt.« Aber auch von diesen kam keiner wieder heim, und von der Meute Hunde, die sie mitgenommen hatten, ließ sich keiner wieder sehen. Von der Zeit an wollte sich niemand mehr in den Wald wagen und er lag da in tiefer Stille und Einsamkeit und man sah nur zuweilen einen Adler oder Habicht darüber hinfliegen. Das dauerte viele Jahre, da meldete sich ein fremder Jäger bei dem König, suchte eine Versorgung und erbot sich, in den gefährlichen Wald zu gehen. Der König aber wollte seine Einwilligung nicht geben und sprach: »Es ist nicht geheuer darin, ich fürchte, es geht dir nicht besser als den andern und du kommst nicht wieder heraus.« Der Jäger antwortete: »Herr, ich will's auf meine Gefahr wagen, von Furcht weiß ich nichts.«

Der Jäger begab sich also mit seinem Hund in den Wald. Es dauerte nicht lange, so geriet der Hund einem Wild auf die Fährte und wollte hinter ihm her. Kaum aber war er ein paar Schritte gelaufen, so stand er vor einem tiefen Pfuhl, konnte nicht weiter und ein nackter Arm streckte sich aus dem Wasser, packte ihn und zog ihn hinab. Als der Jäger das sah, ging er zurück und holte drei Männer, die mussten mit Eimern kommen und das Wasser ausschöpfen. Als sie auf den Grund sehen konnten, so lag da ein wilder Mann, der braun am Leib war wie rostiges Eisen und dem die Haare über das Gesicht bis zu den Knien herabhingen. Sie banden ihn mit Stricken und führten ihn fort in das Schloss. Da war große Verwunderung über den wilden Mann, der König aber ließ ihn in einen eisernen Käfig auf seinen Hof setzen und verbot bei Lebensstrafe, die Türe des Käfigs zu öffnen, und die Königin musste den Schlüssel selbst in Verwahrung nehmen. Von nun an konnte ein jeder wieder mit Sicherheit in den Wald gehen.

Der König hatte einen Sohn von acht Jahren, der spielte einmal auf dem Hof und bei dem Spiel fiel ihm sein goldener Ball in den Käfig. Der Knabe lief hin und sprach: »Gib mir meinen Ball heraus.« »Nicht eher«, antwortete der Mann, »als bis du mir die Türe aufgemacht hast.« »Nein«, sagte der Knabe, »das tue ich nicht, das hat der König verboten«, und lief fort. Am andern Tag kam er wieder und forderte seinen Ball. Der wilde Mann sagte: »Öffne meine Türe«, aber der Knabe wollte nicht. Am dritten Tag war der König auf die Jagd geritten, da kam der Knabe nochmals und sagte: »Wenn ich auch wollte, ich kann die Türe nicht öffnen, ich habe den Schlüssel nicht.« Da sprach der wilde Mann: »Er liegt unter dem Kopfkissen deiner Mutter, da kannst du ihn holen.« Der Knabe, der seinen Ball wiederhaben wollte, schlug alles Bedenken in den Wind und brachte den Schlüssel herbei. Die Türe ging schwer auf und der Knabe klemmte sich den Finger. Als sie offen war, trat der wilde Mann heraus, gab ihm den goldenen Ball und eilte hinweg. Dem Knaben war angst geworden, er schrie und rief ihm nach: »Ach, wilder Mann, geh nicht fort, sonst bekomme ich Schläge.« Der wilde Mann kehrte um, hob ihn auf, setzte ihn auf seinen Nacken und ging mit schnellen Schritten in den Wald hinein. Als der König heimkam, bemerkte er den leeren Käfig und fragte die Königin, wie das zugegangen wäre. Sie wusste nichts davon, suchte den Schlüssel, aber er war weg. Sie rief den Knaben, aber niemand antwortete. Der König schickte Leute aus, die ihn auf dem Felde suchen sollten, aber sie fanden ihn nicht. Da konnte er leicht erraten, was geschehen war, und es herrschte große Trauer an dem königlichen Hof.

Als der wilde Mann wieder in dem finstern Wald angelangt war, so setzte er den Knaben von den Schultern herab und sprach zu ihm: »Vater und Mutter siehst du nicht wieder, aber ich will dich bei mir behalten, denn du hast mich befreit, und ich habe Mitleid mit dir. Wenn du alles tust, was ich dir sage, so sollst du's gut haben. Schätze und Gold habe ich genug und mehr als jemand in der Welt.« Er machte dem Knaben ein Lager von Moos, auf dem er einschlief, und am andern Morgen führte ihn der Mann zu einem Brunnen und sprach: »Siehst du, der Goldbrunnen ist hell und klar wie Kristall: Du sollst dabeisitzen und achthaben, dass nichts hineinfällt, sonst ist er verunehrt. Jeden Abend komme ich und sehe, ob du mein Gebot befolgt hast.« Der Knabe setzte sich an den Rand des Brunnens, sah, wie manchmal ein goldner Fisch, manchmal eine goldne Schlange sich darin zeigte, und hatte acht, dass nichts hineinfiel. Als er so saß, schmerzte ihn einmal der Finger so heftig, dass er ihn unwillkürlich in das Wasser steckte. Er zog ihn schnell wieder heraus, sah aber, dass er ganz vergoldet war, und wie große Mühe er sich gab, das Gold wieder abzuwischen, es war alles vergeblich. Abends kam der Eisenhans zurück, sah den Knaben an und sprach: »Was ist mit dem Brunnen geschehen?« »Nichts, nichts«, antwortete er und hielt den Finger auf den Rücken, dass er ihn nicht sehen sollte. Aber der Mann sagte: »Du hast den Finger in das Wasser getaucht: diesmal mag's hingehen, aber hüte dich, dass du nicht wieder etwas hineinfallen lässt«. Am frühsten Morgen saß er schon bei dem Brunnen und bewachte ihn. Der Finger tat ihm wieder weh und er fuhr damit über seinen Kopf, da fiel unglücklicherweise ein Haar herab in den Brunnen. Er nahm es schnell heraus, aber es war schon ganz vergoldet. Der Eisenhans kam und wusste schon, was geschehen war. »Du hast ein Haar in den Brunnen fallen lassen«, sagte er, »ich will dir's noch einmal nachsehen, aber wenn's zum dritten Mal geschieht, so ist der Brunnen entehrt und du kannst nicht länger bei mir bleiben.« Am dritten Tag saß der Knabe am Brunnen und bewegte den Finger nicht, wenn er ihm noch so wehtat. Aber die Zeit ward ihm lang und er betrachtete sein Angesicht, das auf dem Wasserspiegel stand. Und als er sich dabei immer mehr beugte und sich recht in die Augen sehen wollte, so fielen ihm seine langen Haare von den Schultern herab in das Wasser. Er richtete sich schnell in die Höhe, aber das ganze Haupthaar war schon vergoldet und glänzte wie eine Sonne. Ihr könnt denken, wie der arme Knabe erschrak. Er nahm sein Taschentuch und band es um den Kopf, damit es der Mann nicht sehen sollte. Als er kam, wusste er schon alles und sprach: »Binde das Tuch auf.« Da quollen die goldenen Haare hervor und der Knabe mochte sich entschuldigen, wie er wollte, es half ihm nichts. »Du hast die Probe nicht bestanden und kannst nicht länger hierbleiben. Geh hinaus in die Welt, da wirst du erfahren, wie die Armut tut. Aber weil du kein böses Herz hast und ich's gut mit dir meine, so will ich dir eins erlauben: Wenn du in Not gerätst, so geh zu dem Wald und rufe ›Eisenhans‹, dann will ich kommen und dir helfen.

Meine Macht ist groß, größer als du denkst, und Gold und Silber habe ich im Überfluss.«

Da verließ der Königssohn den Wald und ging über gebahnte und ungebahnte Wege immerzu, bis er zuletzt in eine große Stadt kam. Er suchte da Arbeit, aber er konnte keine finden und hatte auch nichts erlernt, womit er sich hätte forthelfen können. Endlich ging er in das Schloss und fragte, ob sie ihn behalten wollten. Die Hofleute wussten nicht, wozu sie ihn brauchen sollten, aber sie hatten Wohlgefallen an ihm und hießen ihn bleiben. Zuletzt nahm ihn der Koch in Dienst und sagte, er könnte Holz und Wasser tragen und die Asche zusammenkehren. Einmal, als gerade kein anderer zur Hand war, hieß ihn der Koch die Speisen zur königlichen Tafel tragen, da er aber seine goldenen Haare nicht wollte sehen lassen, so behielt er sein Hütchen auf. Dem König war so etwas noch nicht vorgekommen und er sprach: »Wenn du zur königlichen Tafel kommst, muss du deinen Hut abziehen.« »Ach Herr«, antwortete er, »ich kann nicht, ich habe einen bösen Grind auf dem Kopf.« Da ließ der König den Koch herbeirufen, schalt ihn und fragte, wie er einen solchen Jungen hätte in seinen Dienst nehmen können; er sollte ihn gleich fortjagen. Der Koch aber hatte Mitleiden mit ihm und vertauschte ihn mit dem Gärtnerjungen.

Nun musste der Junge im Garten pflanzen und begießen, hacken und graben und Wind und böses Wetter über sich ergehen lassen. Einmal im Sommer, als er allein im Garten arbeitete, war der Tag so heiß, dass er sein Hütchen abnahm und die Luft ihn kühlen sollte. Wie die Sonne auf das Haar schien, glitzte und blitzte es, dass die Strahlen in das Schlafzimmer der Königstochter fielen und sie aufsprang, um zu sehen, was das wäre. Da erblickte sie den Jungen und rief ihn an: »Junge, bring mir einen Blumenstrauß.« Er setzte in aller Eile sein Hütchen auf, brach wilde Feldblumen ab und band sie zusammen. Als er damit die Treppe hinaufstieg, begegnete ihm der Gärtner und sprach: »Wie kannst du der Königstochter einen Strauß von schlechten Blumen bringen? Geschwind hole andere und suche die schönsten und seltensten aus.« »Ach nein«, antwortete der Junge, »die wilden riechen kräftiger und werden ihr besser gefallen.« Als er in ihr Zimmer kam, sprach die Königstochter: »Nimm dein Hütchen ab, es ziemt sich nicht, dass du es vor mir aufbehältst.« Er antwortete wieder: »Ich darf nicht, ich habe einen grindigen Kopf.« Sie griff aber nach dem Hütchen und zog es ab, da rollten seine goldenen Haar auf die Schultern herab, dass es prächtig anzusehen war. Er wollte fortspringen, aber sie hielt ihn am Arm und gab ihm eine Hand voll Dukaten. Er ging damit fort, achtete aber des Goldes nicht, sondern er brachte es dem Gärtner und sprach: »Ich schenke es deinen Kindern, die können damit spielen.« Den andern Tag rief ihm die Königstochter abermals zu, er sollte ihr einen Strauß Feldblumen bringen, und als er damit eintrat, grapste sie gleich nach seinem Hütchen und wollte es ihm wegnehmen, aber er hielt es mit beiden Händen fest. Sie gab ihm wieder eine Hand voll Dukaten, aber er wollte sie nicht behalten und gab sie dem Gärtner zum Spielwerk für seine Kinder. Den dritten Tag ging's nicht anders, sie konnte ihm sein Hütchen nicht wegnehmen und er wollte ihr Gold nicht.

Nicht lange danach ward das Land mit Krieg überzogen. Der König sammelte sein Volk und wusste nicht, ob er dem Feind, der übermächtig war und ein großes Heer hatte, Widerstand leisten könnte. Da sagte der Gärtnerjunge: »Ich bin herangewachsen und will mit in den Krieg ziehen, gebt mir nur ein Pferd.« Die andern lachten und sprachen:

»Wenn wir fort sind, so suche dir eins, wir wollen dir eins im Stall zurücklassen.« Als sie ausgezogen waren, ging er in den Stall und zog das Pferd heraus; es war an einem Fuß lahm und hickelte hunkepuus, hunkepuus. Dennoch setzte er sich auf und ritt fort nach dem dunkeln Wald. Als er an den Rand desselben gekommen war, rief er dreimal »Eisenhans« so laut, dass es durch die Bäume schallte. Gleich darauf erschien der wilde Mann und sprach: »Was verlangst du?« »Ich verlange ein starkes Ross, denn ich will in den Krieg ziehen.« »Das sollst du haben und noch mehr, als du verlangst.« Dann ging der wilde Mann in den Wald zurück und es dauerte nicht lange, so kam ein Stallknecht aus dem Wald und führte ein Ross herbei, das schnaubte aus den Nüstern und war kaum zu bändigen. Und hinterher folgte eine große Schar Kriegsvolk, ganz in Eisen gerüstet, und ihre Schwerter blitzten in der Sonne. Der Jüngling übergab dem Stallknecht sein dreibeiniges Pferd, bestieg das andere und ritt vor der Schar her. Als er sich dem Schlachtfeld näherte, war schon ein großer Teil von des Königs Leuten gefallen, und es fehlte nicht viel, so mussten die Übrigen weichen. Da jagte der Jüngling mit seiner eisernen Schar heran, fuhr wie ein Wetter über die Feinde und schlug alles nieder, was sich ihm widersetzte. Sie wollten fliehen, aber der Jüngling saß ihnen auf dem Nacken und ließ nicht ab, bis kein Mann mehr übrig war. Statt aber zu dem König zurückzukehren, führte er seine Schar auf Umwegen wieder zu dem Wald und rief den Eisenhans heraus. »Was verlangst du?«, fragte der wilde Mann. »Nimm dein Ross und deine Schar zurück und gib mir mein dreibeiniges Pferd wieder.« Es geschah alles, was er verlangte, und er ritt auf seinem dreibeinigen Pferd heim. Als der König wieder in sein Schloss kam, ging ihm seine Tochter entgegen und wünschte ihm Glück zu seinem Sieg. »Ich bin es nicht, der den Sieg davongetragen hat«, sprach er, »sondern ein fremder Ritter, der mir mit seiner Schar zu Hilfe kam.« Die Tochter wollte wissen, wer der fremde Ritter wäre, aber der König wusste es nicht und sagte: »Er hat die Feinde verfolgt und ich habe ihn nicht wieder gesehen.« Sie erkundigte sich bei dem Gärtner nach seinem Jungen; der lachte aber und sprach: »Eben ist er auf seinem dreibeinigen Pferd heimgekommen und die andern haben gespottet und gerufen: ›Da kommt unser Hunkepuus wieder an.‹ Sie fragten auch: ›Hinter welcher Hecke hast du derweil gelegen und geschlafen?‹ Er sprach aber: ›Ich habe das Beste getan und ohne mich wäre es schlecht gegangen.‹ Da ward er noch mehr ausgelacht.«

Der König sprach zu seiner Tochter: »Ich will ein großes Fest ansagen lassen, das drei Tage währen soll, und du sollst einen goldenen Apfel werfen. Vielleicht kommt der Unbekannte herbei.« Als das Fest verkündet war, ging der Jüngling hinaus zu dem Wald und rief den Eisenhans. »Was verlangst du?«, fragte er. »Dass ich den goldenen Apfel der Königstochter fange.« »Es ist so gut, als hättest du ihn schon«, sagte Eisenhans, »du sollst auch eine rote Rüstung dazu haben und auf einem stolzen Fuchs reiten.« Als der Tag kam, sprengte der Jüngling heran, stellte sich unter die Ritter und ward von niemand erkannt. Die Königstochter trat hervor und warf den Rittern einen goldenen Apfel zu, aber keiner fing ihn als er allein; aber sobald er ihn hatte, jagte er davon. Am zweiten Tag hatte ihn Eisenhans als weißen Ritter ausgerüstet und ihm einen Schimmel gegeben. Abermals fing er allein den Apfel, verweilte aber keinen Augenblick, sondern jagte damit fort. Der König ward bös und sprach: »Das ist nicht erlaubt, er muss vor mir erscheinen und seinen Namen nennen.« Er gab den Befehl, wenn der Ritter, der den Apfel gefangen habe, sich wieder davonmachte, so sollte man ihm nachsetzen, und wenn er nicht gutwillig zurückkehrte, auf ihn hauen und stechen. Am dritten Tag erhielt er vom Eisenhans eine schwarze Rüstung und einen Rappen und fing auch wieder den Apfel. Als er aber damit fortjagte, verfolgten ihn die Leute des Königs und einer kam ihm so nahe, dass er mit der Spitze des Schwertes ihm das Bein verwundete. Er entkam ihnen jedoch, aber sein Pferd sprang so gewaltig, dass der Helm ihm vom Kopf fiel, und sie konnten sehen, dass er goldene Haare hatte. Sie ritten zurück und meldeten dem König alles.

Am andern Tag fragte die Königstochter den Gärtner nach seinem Jungen. »Er arbeitet im Garten. Der wunderliche Kauz ist auch bei dem Fest gewesen und erst gestern Abend wiedergekommen. Er hat auch meinen Kindern drei goldene Äpfel gezeigt, die er gewonnen hat.« Der König ließ ihn vor sich fordern und er erschien und hatte wieder sein Hütchen auf dem Kopf. Aber die Königstochter ging auf ihn zu und nahm es ihm ab, und da fielen seine goldenen Haare über die Schultern und es war so schön, dass alle erstaunten. »Bist du der Ritter gewesen, der jeden Tag zu dem Fest gekommen ist, immer in einer andern Farbe, und der die drei goldenen Äpfel gefangen hat?«, fragte der König. »Ja«, antwortete er, »und da sind die Äpfel«, holte sie aus der Tasche und reichte sie dem König. »Wenn Ihr noch mehr Beweise verlangt, so könnt Ihr die Wunde sehen, die mir Eure Leute geschlagen haben, als sie mich verfolgten. Aber ich bin auch der Ritter, der Euch zum Sieg über die Feinde geholfen hat.« »Wenn du solche Taten verrichten kannst, so bist du kein Gärtnerjunge: Sage mir, wer ist dein Vater?« »Mein Vater ist ein mächtiger König, und Goldes habe ich die Fülle und so viel ich nur verlange.« »Ich sehe wohl«, sprach der König, »ich bin dir Dank schuldig, kann ich dir etwas zu Gefallen tun?«»Ja«, antwortete er, »das könnt Ihr wohl, gebt mir Eure Tochter zur Frau.« Da lachte die Jungfrau und sprach: »Der macht keine Umstände, aber ich habe schon an seinen goldenen Haaren gesehen, dass er kein Gärtnerjunge ist«, ging dann hin und küsste ihn. Zu der Vermählung kamen sein Vater und seine Mutter und waren in großer Freude, denn sie hatten schon alle Hoffnungen aufgegeben, ihren lieben Sohn wiederzusehen. Und als sie an der Hochzeitstafel saßen, da schwieg auf einmal die Musik, die Türen gingen auf und ein stolzer König trat herein mit großem Gefolge. Er ging auf den Jüngling zu, umarmte ihn und sprach: »Ich bin der Eisenhans und war in einem wilden Mann verwünscht, aber du hast mich erlöst. Alle Schätze, die ich besitze, die sollen dein Eigentum sein.«[1] «

In der Urfassung trägt dieses Grimm'sche Märchen den Titel *Der wilde Mann*, eine andere Fassung nennt sich *Der eiserne Hans*. Um diesen wilden Mann geht es denn auch in diesem Märchen, um seine Wirkung und schließlich um seine Integration. Dieser wilde Mann ist aber auch ein eiserner Hans. Hans ist ein sehr gewöhnlicher Name im europäischen Märchen, ein Allerweltsname. Dass ein Hans aber eisern ist, zeigt, dass er verschiedene Aspekte in sich vereinigt: Er ist ganz gewöhnlich und ganz geheimnisvoll, menschlich und außermenschlich zugleich, eine Gestalt, die in sich die Möglichkeit birgt, die Menschen, die mit ihr in Berührung kommen, über sich hinauswachsen zu lassen – im Guten oder im Bösen.

Das Eisen verweist auf den Kriegsgott Mars, verweist auf Wildheit, auf Krieg, auf Streit, aber auch auf Kraft, Aktivität, Willen zur Wandlung. Eisen ist ein unedles Metall. Umso eigentümlicher mutet an, dass dieser Eisenhans einen Goldbrunnen besitzt, also im Besitz eines sehr edlen Metalles ist.

Das ist wohl eine der Grundaussagen dieses Märchens; was da so wild, so primitiv, so kämpferisch sich gibt, es kann zu Gold werden, es kann zu großem Überfluss werden, das heißt, es kann das Leben entscheidend bereichern. Die Frage ist nur: Wie begegnet man diesem Eisenhans, wie geht man mit ihm um, dass man an seiner Fülle Anteil gewinnt, anstatt von ihm beraubt zu werden und in Angst vor ihm leben zu müssen? Das Märchen ermutigt uns, das »Eisenhänsische« in uns aufzuspüren, den Eisenhans vielleicht auch in gesellschaftlichen Situationen zu erkennen und ihm seinen Platz einzuräumen.

Zu Beginn des Märchens wird uns eine Familiensituation mit Vorgeschichte geschildert. Die Familie in sich ist unauffällig: Ein Vater, eine Mutter, ein Sohn sind vorhanden. Aber da ist ein Wald mitgeschildert, als Umfeld dieser Familie, in dem die Jäger verschwinden, und keiner weiß, weshalb. Alle Jäger hat der König ausgeschickt, keiner ist zurückgekommen. Ausgerechnet die Jäger, die sich im Wald auskennen, die gezielt und zielend sich mit den Tieren des Waldes abgeben, die Menschen auch zu schützen wissen vor den Tieren, die also mit der Natur umgehen können, ihren Rhythmus kennen müssen, die dazu da sind, die Natur zu erhalten, ihnen begegnet etwas, mit dem sie nicht mehr umgehen können. Sie kommen nicht mehr zurück und man muss annehmen, dass sie gestorben sind, zumindest verzaubert – verschwunden: Sie müssten jetzt sehr fehlen am Hofe des Königs. Der Wald liegt in »tiefer Stille und Einsamkeit« da, niemand wagt sich mehr hinein.

Der Wald, der so viel Leben birgt, so viel Nahrung gibt und Dunkles verbirgt, aber auch entbirgt – er darf nicht mehr betreten werden. Ein Bereich des Lebens, der mit dem Wachsen der Natur, mit den Früchten der Natur, aber auch mit den Tieren zu tun hat, uns also mit allem Vegetativen, wild Wuchernden, mit dem Tierischen in Zusammenhang bringt, muss vom Leben ausgeschlossen werden. Und er dürfte schmerzlich vermisst werden. Zuweilen sieht man einen Adler oder einen Habicht darüber hinwegfliegen. Ist das ein Zeichen dafür, dass noch Leben im Wald ist, ein Hinweis auf diesen vom Leben ausgesparten Bezirk, von dem eine unheimliche Stille ausgeht?

Viele Jahre dauert es, bis ein Jäger kommt, der sich auf das Geheimnis des Waldes einlassen will, der offenbar gerüstet ist, damit umzugehen. Wir wissen wenig von ihm, nur, dass er von Furcht nichts weiß. Er ist von der ängstlich-gelähmten Stimmung nicht betroffen und lüftet das Geheimnis: Aus einem tiefen Pfuhl holen sie den wilden Mann heraus, braun am Leib wie rostiges Eisen, mit Haaren bis zu den Knien. Der hatte jeweils die Hand aus dem Pfuhl gestreckt und zu sich heruntergezogen, was sich dem Pfuhl näherte.

Das Märchen beschreibt den Mann so, dass sich die Frage stellt, ob das, was hier gefunden wurde, ein Mensch ist oder ein Tier. Braun ist er, wie rostiges Eisen. Braun ist die Farbe der Erde, und obwohl der Mann im Pfuhl sitzt, eigentlich ein Wassermann ist, ist er doch auch der Erde verwandt. Die langen Haare weisen einerseits auf seine Wildheit hin – er ist unzivilisiert, anderseits aber zeugen Haare auch von Kraft, von ungebändigter Kraft (Simson), im körperlichen, aber auch im erotischen Sinne, also von einer ungeheuren Energie. Diese Energie war bisher nur destruktiv in Erscheinung getreten: Der wilde Mann hatte alles, was er zu fassen bekam, in seinen Pfuhl hinabgezogen. – Ein sehr stimmiges Bild für einen abgespaltenen Komplex mit seiner Dynamik: Ein Problem wird verdrängt, verliert die Beziehung zum alltäglichen Leben, wird als Stimmung dennoch erlebt – hier als destruktive Stimmung – und Lebensimpulse werden allzu leicht von ihm »verschlungen«, kommen abhanden. Angst breitet sich aus. Indem der Eisenhans gefunden ist, wird klar, was hinter diesem Problem steckt, ein Bild für das Problem ist gefunden, noch aber ist sein Geheimnis nicht aufgedeckt; so wie wir manchmal etwa einen Komplex schon benennen können, ohne das Geheimnis und die verschiedenen Bilder, die mit ihm verbunden sind, zu erleben und zu verstehen. Immerhin ist dann der Kontakt zum Komplex hergestellt, eine erste Möglichkeit, mit ihm überhaupt ins Gespräch zu kommen und Gelegenheit zu erhalten, das Problem sich ausfantasieren zu lassen.

Was aber erhofft sich der König vom »gefassten« Eisenhans? Offenbar hat er die Absicht, den Eisenhans lebenslänglich an seinem Hof gefangen auszustellen. Hofft er, durch Einsperren, durch Gewalt das Problem lösen zu können? Oder hofft er, von diesem wilden Mann ein Geheimnis zu erfahren, vielleicht gar Einblick in die Zukunft zu erhalten? Jedenfalls kann nun jedermann wieder sicher in den Wald gehen. Vorübergehend ist das Problem gelöst, der Lebensraum ist wiederum ausgeweitet, der ganze Raum des Waldes ist wieder zugänglich, ungefährlich: emotionell erfahrbar als Raum des stillen Wachsens, des natürlichen Wachsens, wo vieles auch überwuchert, wo Tiere angetroffen werden, wo also verschiedene Tierseiten in uns angesprochen werden. Das Problem ist nun isoliert worden und kann jetzt angegangen werden.

Wer ist der wilde Mann? Ursprünglich waren die wilden Männer riesige Waldmenschen, vermutlich Personifikationen eines Vegetationsgottes. In Basel ist es üblich, im Frühjahr ein mit Tannengrün geschmücktes Schiff den Rhein hinabfahren zu lassen, auf dem sich eine vermummte Gestalt, ein wilder Mann, befindet.[2] Aber auch die Silvesterkläuse im Appenzellerland sind in Tannenreiser gehüllt, sie stellen Vegetationsgötter dar, sollen den Winter vertreiben und dem Frühling helfen, Einzug zu halten. Auch Mars war ursprünglich ein italischer Bauerngott, zu dem man um Wachstum betete. Hinter diesem wilden Mann steckt einmal die wild aufbrechende Kraft des Frühlings, das neue Leben. Diese Vegetationsgötter sind häufig auch Brunnen- und Baumgeister, also dem weiblichen Quellbereich der Erde verbunden, da wo der Überfluss der Erde sich auf die Erde ergießt und zum Wachstum anregt, was im Keim vorhanden ist. Überhaupt sind die geschmückten Schiffe wohl zu vergleichen mit den von Katzen gezogenen Wagen der nordischen Fruchtbarkeitsgöttin Freya.

Laiblin weist nach, dass diese Vegetationsgötter oft geköpft werden müssen, damit eine neue Vegetationsperiode eingeleitet werden kann. Das Alte muss sterben, das Neue muss auferstehen. In unserem Märchen ist von Köpfen nicht die Rede, um Wandlung geht es gleichwohl.

Im Bild des wilden Mannes verdichten sich die Erfahrungen des Menschen mit den Vegetationsgöttern, mit einer Urlebenskraft, mit der Angst, dass diese Urlebenskraft ausbleibt, dass kein Frühling mehr stattfindet – Frühling jetzt sehr weit verstanden. Diese Urlebenskraft wird aber auch erlebt als Vitalität, als Emotionalität, beglückend, beängstigend; hier im Märchen eher beängstigend, weil zu lange offenbar nicht dem lebendigen Leben verbunden.

Aber nicht nur das Bild des Vegetationsgottes steckt hinter dem Eisenhans: In verschiedenen französischen Versionen[3] wird der Eisenhans Merlin genannt, zum Beispiel *Georgic et Merlin*. Merlin, der im Artus- und im Gralszyklus die Gestalt ist, die hinter allen Entwicklungen und Verwicklungen steht, er, der Zauberer, der Lehrer, der Seelenführer, er wohnt im Zauberwald – wer in diesen Wald gerät, verirrt sich, ist immer wieder vom Tod bedroht, wer sich aber diesen Gefahren gewachsen weiß, der verlässt diesen Wald als ein Gewandelter, als einer, der dem Tod ins Auge gesehen hat, als ein Wiedergeborener. Merlin ist der Meister der Wildnis, aber er ist auch der Begründer der Tafelrunde, er schickt die Ritter auf die Suche nach dem Gral. Als Meister des Waldes einerseits, Magier und Zauberer, der um Zusammenhänge weiß, die anderen verborgen bleiben, als der Meister auch, der nach dem Gral ausschickt und also dazu anstiftet, den verborgenen Sinn hinter allen Dingen, den Geist, zu finden, verkörpert Merlin den Geist der Natur.

Versuchen wir, Merlin als eine innere Figur zu verstehen, dann wäre er die Personifikation der imaginativen Fähigkeit des Menschen, gepaart mit einem großen Vertrauen in diese Fähigkeiten, die mit den Rhythmen der Natur in Übereinstimmung sind. Merlin hat sich – nach dem Sagenzyklus – in den Wald zurückgezogen, nach einer andern Version ist er von einem wunderschönen Mädchen Viviane gebannt, weil er in seiner Liebe zu ihr sie das Zaubern lehrte, bis sie ihn festbannen konnte.

Im wilden Mann – so legen es die französischen Parallelen nahe – könnte auch ein Aspekt des Merlinischen verborgen sein, wobei ein wesentliches Thema, das sich durch den Merlinzyklus zieht, das Thema der Aggression und des angemessenen Umgangs mit ihr ist. Aber ebenso sehr auch das Thema des Seherischen, dessen, dass man eine Imagination haben muss, der man nachleben kann.

Ein letzter Aspekt des wilden Mannes: Wassergötter, Dämonen kennen die Zukunft, und sie werden oft gefesselt, damit man sich von ihnen ein Orakel erpressen kann. Am bekanntesten ist wohl die Geschichte des König Midas, der den Silen im Weinrausch – Wasserdämonen haben oft

Weinräusche – gefangen nahm. Er musste dem König – gezwungenermaßen – ein Lied singen über den Ursprung und die Beschaffenheit der Welt.[4]

Das Orakel beschäftigt sich also nicht mit einem persönlichen Problem und dessen Lösung, sondern mit dem Erschauen der ganz großen Zusammenhänge des Lebens und des Todes, regt also an, persönliche Probleme in Verbindung mit den ganz großen Zusammenhängen des Menschseins zu sehen; aus dieser veränderten Perspektive bieten sich dann Lösungen an. Die Geschichte von König Midas gleicht unserem Märchenmotiv.

Aber sind nicht alle diese Bilder, die hinter dem wilden Mann stecken, die schon immer hinter dem wilden Mann gesehen wurden, gegenwärtig, wo wir das Natürliche, Elementare abspalten und wo es uns dann auffordert, es zu erlösen: in den Ahnungen, die in diesen Naturkräften, in unseren heftigsten, unangepasstesten Emotionen liegen, in der Sehnsucht, die in den körperlichsten Leidenschaften aufbricht, sich von ihnen über sich hinaustragen zu lassen in großen Imaginationen und Entwürfen?

Betrachten wir nun das Märchen unter dem Aspekt einer Familiengeschichte und der damit verbundenen Entwicklung des jungen Mannes hin zur Beziehungsfähigkeit – denn in der Familie erfahren wir unsere ersten Bindungen und Beziehungen, erleben die erste Liebe. Was bedeutet es, wenn in einer Familie jener wilde Mann im Wald so gefährlich geworden ist? Was bedeutet es, wenn es das hier vorliegende Familienmodell wäre, den wilden Mann so weit wie möglich wegzusperren, sei es aus der Zeitsituation heraus, sei es aufgrund eines besonderen Familienstils, der sich hier durchsetzt? Was bedeutet es vor allem für einen Knaben, der in einer solchen Umgebung zum Mann heranreifen muss? Das Märchen gibt hier eine klare Antwort:

Zunächst wird der Knabe von jenem wilden Mann geraubt, ergriffen werden, aber dann kann der wilde Mann durch ihn erlöst werden.

Wir hätten eine Familie vor uns, die das Wilde, Emotionale, Triebhafte, das den tiefsten Tiefen der Menschheit, aber auch den höchsten Höhen verbunden ist, verdrängt, weil sie nicht damit umgehen kann, vielleicht hat sie es auch delegiert; aber eigentlich lebt sie ganz gut damit, wenn auch abgeschnitten vom Wald, damit aber auch abgeschnitten von all jenen Qualitäten des Lebens, die mit dem Ahnungsreichen zu tun haben, auch mit dem Zwielichtigen. Am Hofe des Königs dürfte vieles »klar« gewesen sein, wie denn ja auch der Sohn des Königs mit einer goldenen Kugel spielt, mit einem Abbild der Sonne – die Kugel rollt aber dorthin, wohin sie will. Ist die Kugel vom Gold her das Zeichen der Auserwähltheit und von ihrer Rundheit her ein Symbol der Ganzheit, ein Zeichen dafür, dass das Leben rund und ganz werden sollte, so ist sie in ihrem Rollen Ausdruck für die Eigendynamik, die eben von unserer möglichen Ganzheit ausgeht, eine Selbstorganisation, die dahin tendiert, die gegenwärtige Situation zu transzendieren, letztlich eben auf die mögliche Ganzheit hin. Diese dynamische Kraft steckt hinter jeder Umgestaltung, wir können sie als die Selbstorganisation oder Selbstregulation aller Systeme sehen. Mit einfachen Worten ausgedrückt: Wohin führt ihn sein Schicksal, wozu verführt es ihn?

Es führt ihn natürlich zum wilden Mann – und wir können uns selbst fragen, ob unser goldener Ball auch zu ihm rollt oder ob er zu etwas ganz anderem hinrollt. – Einen goldenen Ball haben wir alle, es ist jeweils nur wichtig zu wissen, wo wir ihn verloren haben. Er ist ja meistens dort, wo wir ihn am wenigsten vermuten. – So leicht ist aber dieser Ball nicht mehr wiederzubekommen. Wenn der Eisenhans dazu da war, ein Orakel von sich zu geben, dann dieses: Hol den Schlüssel unter Mutters Kopfkissen hervor und befreie mich.

Der Schlüssel zur Freiheit des wilden Mannes – und damit auch für den speziellen Lebensweg dieses Knaben, der davon gezeichnet ist, das zu leben, was zu Hause zu wenig in Beachtung gezogen wurde –, der Schlüssel liegt bei der Mutter, er muss gestohlen werden, und ein erster Tabubruch setzt ein, eine selbstverantwortliche Handlung, ein Schritt auf dem Weg des Erwachsenwerdens. Aber noch klemmt er sich den Finger dabei. Dass sich etwas Entscheidendes verändert hat, wird dem Königssohn dann auch schlagartig bewusst: Wieso sonst hätte er den wilden Mann gebeten, ihn mitzunehmen? Eine drastische Ablösung findet statt: weg vom Vater, weg von der Mutter, weg aus der vertrauten Umgebung.

Auf dem Hof herrscht denn auch große Trauer – die Eltern haben ihr Kind scheinbar verloren. Eine abrupte Ablösung, wie sie das Märchen immer wieder kennt und die so abrupt nur scheint, denn der Moment der Loslösung, wie sie sich schon lange angezeigt hat – hier ausgedrückt in der Annäherung des wilden Mannes an die Sphäre des Königshofes –, ist eben etwas Momenthaftes, ist wirklich einem Tod zu vergleichen. Und die Reaktion des Königs und der Königin ist eine angemessene – sie suchen und sind traurig.

Der Knabe selber wird informiert: Vater und Mutter sähe er nicht wieder, aber er solle es gut haben bei dem wilden Mann, den er befreit hat, auch weil dieser Mitleid mit ihm habe. Als Erstes macht ihm der wilde Mann ein Lager aus Moos, auf dem der Knabe schlafen kann – wahrlich eine mütterliche Geste, dieses Lagerzubereiten. Und dann soll er den Goldbrunnen, der hell und klar ist wie Kristall, hüten und achtgeben, dass nichts hineinfalle. Nun stellt sich heraus, dass dieser Eisenhans, der zuvor in einem Pfuhl war, einen kristallklaren Goldbrunnen sein Eigen nennt. Ein ungeheurer Gegensatz liegt in dem, was dem Eisenhans zugehört: der Pfuhl und der kristallklare Brunnen.

Brunnen sind im Märchen Orte, von denen aus man in ein jenseitiges Land gelangen kann. Zu Frau Holle zum Beispiel gerät man durch den Brunnen, im Brunnen sammelt sich das Wasser der Erde für die Bewässerung von Mensch und Erde, in ihm ist ein Übergang gewährleistet. In der Volkssage ist er oft gekannt als Kinderbrunnen, der »Kindliteich«. In ihm wohnen die ungeborenen Kinder, aber auch die Toten. So ist der Brunnen immer auch die Verbindung zum Totenreich. Das Geheimnis von Leben und Tod wird in ihm zugänglich.

Wenn ich mich in den Knaben einfühle, der da am kristallklaren Wasser sitzt und schaut, dass auch gar nichts hineinfällt, dann empfinde ich den Teich wie einen Spiegel, der ihm aber nicht nur sein Bild zurückwirft, sondern ihn wohl mit der Tiefe verbindet. Weisheit, Wissen zu erlangen, hat immer mit Brunnen und mit Tiefe zu tun. Auch Odin ging zu Mimir an die Tiefe des Brunnens und opferte ein Auge, um weise zu werden.

Dieses Achthaben auf den Teich ist eine Form der Meditation, in der etwas, das den Knaben zentriert, das auch wunderschön ist, nicht verunreinigt werden darf; vergleichbar einer Situation, in der wir etwas sehr Schönes, ein Bild etwa, das Sinn vermittelt, das uns das Gefühl gibt, ganz bei uns zu sein, durch nichts, was von außen an uns herankommt, verunreinigen dürfen. In dieser Meditation aber schaut der Königssohn gleichsam seine Zukunft. Es ist nicht mehr der wilde Aspekt des wilden Mannes, der sich des Knaben bemächtigt, es ist vielmehr der seherische Aspekt, der meditative, aber auch der imaginative.

Dass es mit dem Brunnen im Märchen eine besondere Bewandtnis hat, zeigt sich daran, dass der Finger, der schmerzt, vergoldet wird. Der Brunnen kann natürlich nicht für immer rein gehalten werden. Der Eisenhans setzt ein Tabu, damit es letzten Endes übertreten wird; aber eben erst dann kann und soll es übertreten werden, wenn der Knabe auch reif dafür ist. Das ist wohl der Sinn der Tabuisierung: Tabus schützen, bis wir selbstständig genug sind, die Folgen des Tabubruchs auf uns zu nehmen.

Es ist vorstellbar, dass der Knabe, einmal ergriffen von dieser wilden Seite in ihm, die sicher auch mit der aufbrechenden Sexualität zu tun hat, aber auch mit der aufbrechenden Emotionalität, ein ausgesprochenes Bedürfnis hat, den Gegensatz zu dieser Seite zu leben, einem Reinheitsideal zu frönen. Wenn ich mich einerseits in den wilden Mann einfühle und ihn mir als Herrn dieser Quelle vorstelle, dann spüre ich einen ungeheuren Gegensatz zwischen der wilden, dynamischen Kraft und dieser ganz ruhigen seherischen Daseinsweise.

Diese Kräfte dürften auch auf den Königssohn wirken. Wir können diese Phase im Walde verschieden verstehen: Einerseits ist darin dargestellt, dass der Weg der Ablösung vom persönlichen Vater und der persönlichen Mutter dadurch erfolgt, dass ein Aufenthalt beim wilden Mann einsetzt, der in sich sowohl mütterliche als auch väterliche Züge vereint. Er kann verstanden werden als auch Mütterliches und Väterliches, das im Familiensystem ausgespart wurde, er kann andererseits aber auch verstanden werden als archetypisch Väterliches und Mütterliches, als Begegnung mit Väterlichem und Mütterlichem in ihm. Auch dieses im Zusammenhang mit dem, was in der konkreten Zeitsituation nicht gelebt wurde. Insofern kann dieser Aufenthalt im Wald als »Einweihung« verstanden werden, etwa

31

durch einen Ahngeist, was aber bedeutet: durch Väterliches und Mütterliches in uns, das wir uns selbst geben können müssen. Das ist auch ein wesentlicher Schritt in der Ablösung: die Integration dessen, wovon man sich gelöst hat. Natürlich werden Väterliches und Mütterliches in uns geprägt sein von unseren Erlebnissen mit realen Vätern und Müttern, oft gerade auch geprägt von dem, was diese nicht gelebt haben. Darin liegt dann auch der Entwicklungsanreiz.

Verstehen wir den Königssohn als Modell für einen Sohn, der sich ablösen muss, dann könnte hier in dem Märchen die Phase beschrieben sein, in der er, bald den wilden Mann markierend, allerdings mehr gezwungen denn freiwillig, bald sehr meditativ über seine Zukunft nachdenkt, indem er sich selber ergründet. So oder so werden die Eltern keine große Rolle mehr spielen.

Der wilde Mann spielt eine große Rolle, und in einem menschlichen Schicksal wäre dieser wilde Mann dann wohl projiziert auf einen Menschen oder eine Gruppe, der oder die in sich die Qualitäten des wilden Mannes lebt.

Ein 17-jähriger junger Mann stammt aus einem Elternhaus, das er als sehr ordentlich beschreibt; alle waren ängstlich darauf bedacht, nie jemandem zu nahe zu treten. »Sauber«, »klar«, das waren Begriffe, die wichtig waren. Ohne dass es je ausgesprochen wurde, hatte der junge Mann das Gefühl, dass alles, was nicht ganz zu kontrollieren war, Angst machte. Und deshalb bemühten sich alle um Klarheit.

Er selber ging zunächst auch einen »klaren« Weg: Er besuchte die Mittelschule mit guten Schulleistungen. Dann kam die Zürcher Bewegung auf. Das Wort »Eisbrecher« wurde für ihn ganz wichtig, er konnte nicht genau sagen, warum, aber das Wort wurde wie ein Schlüsselwort für seine Lebenssituation. Er machte mit bei der Bewegung, zog zu Hause aus, geriet, wie er es selber ausdrückte, »in einen wilden Sog«, »da pulsierte plötzlich das Leben«. Nichts mehr war da klar, sondern wild, bewegt und ein wenig chaotisch. Die Eltern waren traurig. Er versuchte, sich ihnen verständlich zu machen, ihnen zu zeigen, dass hier Emotionen in ihm aufbrachen, die er zuvor nicht gekannt hatte, höchstens als dumpfe Sehnsucht. Er konnte sich den Eltern nicht verständlich machen. Sie gaben ihn »verloren«.

Die Bewegung wurde ihm endlich zu bewegt, die Unruhe zu chaotisch. Er schloss sich einer Gruppe an, die sich auch aus der Bewegung herauskristallisiert hatte – die aber meditierte, mit dem Wunsch, das Eis nicht wieder entstehen zu lassen, aber doch eine Struktur im Leben zu haben, sie wollte zu sich selbst finden. Diese Gruppe hatte die Ideale, einerseits möglichst natürlich zu leben, aber dabei auch sexuelle Enthaltsamkeit zu üben. Ihr Ziel war, das »Bewegte« ins Leben, in Beziehungen hineinzutragen, wenn sie einmal so weit wären.

Die Erlebnisse dieses jungen Mannes könnten wohl symbolisch dargestellt werden im Bild des Ergriffenseins vom Eisenhans und im Bild vom Hüten seines Goldbrunnens.

Die Phase hier im Walde ist auch eine Phase des Nachreifens, eine vorübergehende. Zunächst berührt der Königssohn das Wasser nur mit dem Finger, am nächsten Tag fällt ein Haar hinein und am dritten Tag betrachtet er sein Angesicht auf dem Wasser; er will sich in die Augen sehen und da fallen ihm alle Haare ins Wasser und werden vergoldet. Diese Szene scheint mir zentral zu sein: Er betrachtet sich selbst im Brunnen, er will sich in die Augen sehen – für mich ein Bild für ein Bewusstsein seiner selbst, Selbst-

Bewusstsein, sich in die Augen sehen wollen und können, diesen ganz intimen Kontakt mit sich aufnehmen können, der ja auch bedeutet, dass man sich selbst annimmt, so wie man jetzt halt ist – hier ergriffen vom Eisenhans. In diesem Sich-Anschauen, In-die-Augen-Schauen, von denen wir ja sagen, dass sie auch eine Tiefe haben und insofern mit dem Brunnen korrespondieren, zeigt sich, wie die Meditation des Brunnens, die Konzentration auf den Brunnen gleichsam auch eine Konzentration auf die eigene Tiefe gewesen ist.

Dieses Kontaktaufnehmen mit sich selbst hinterlässt Spuren: Gold am Finger, goldene Haare. Der goldene Finger ist für den Fortgang des Märchens unwichtig, die goldenen Haare hingegen werden außerordentlich wichtig. Goldene Haare sind Zeichen großer Auserwähltheit, des besonderen Schicksals. Die goldene Kugel findet in den Haaren ihre Entsprechung, jetzt aber körpernaher: Was in der Kugel angedeutet war, beginnt sich als Schicksal zu realisieren.

Interessant ist, wie der wilde Mann auf den Tabubruch reagiert. Sind wir von anderen Märchen her gewohnt, dass gleich ungeheure Strafmaßnahmen eingeleitet werden – der Knabe unter Lebensgefahr fliehen muss, *Die drei goldenen Äpfel*, *Der Wunderschimmel*, oder aber bei vergleichbaren Märchen, die eine weibliche Heldin haben, etwa bei *Marienkind* oder bei der *Schwarzen Frau*, diese Schwarze Frau ihren schwarzen Schatten lange über dieses Leben hereinbrechen lässt –, so bleibt hier der Eisenhans fast freundlich. Auch dass das Tabu drei Mal gebrochen werden darf, ist besonders. So wild ist dieser Eisenhans gar nicht.

Hängt die Besonderheit damit zusammen, dass der Königssohn sich im Brunnen selbst angesehen hat, also so sehr schon zu sich selbst gefunden hat, dass der Eisenhans gar nicht mehr eine so große Macht über ihn hat, also ihm auch gar nicht mehr so gefährlich werden kann? Das dürfte ein Aspekt sein. Ein anderer ist bestimmt der, dass die Ausgangssituationen der vergleichbaren Märchen, was die Familiensituation betrifft, alle viel dramatischer sind: Da sind andere Notlagen, zum Beispiel sehr viele Kinder und nichts, sie zu ernähren. Dieser größeren Notlage entspricht auch eine stärkere Macht dessen, der im Walde lebt.

Der Eisenhans verfolgt ihn nicht nur nicht, er bietet ihm sogar an, ihn an seinem Überfluss an Macht und Reichtum teilhaben zu lassen, nur muss der Junge ihn jetzt verlassen.

Es scheint, als wäre mit dieser Sequenz die Erlösung des Eisenhans schon weitgehend erfolgt, das »Eisenhänsische« muss jetzt nur noch ins Leben hineingetragen werden. Das, was in einem angelegt ist, ins Leben hineinzutragen, lässt sich zunächst aber nicht gerade großartig an. Und das ist auch typisch: Gerade wenn man sich eine kraftvolle Vision seines Lebens gemacht hat, dann steht man damit meistens zunächst in einem Gegensatz zur Welt. Das Märchen sagt dann ja auch, dass der Königssohn nichts in der Alltagswelt Brauchbares gelernt hat und niedrige Dienste verrichten muss.

Wir haben hier das Motiv, dass der innere Reichtum verborgen wird und sogar in großer Bescheidenheit – aber wissend um seinen Reichtum – das getan wird, was erforderlich ist.

Er arbeitet als Gärtnerjunge. Er muss pflanzen und hacken, begießen und graben, er muss mit der Erde und den Pflanzen arbeiten, Symbol dafür, wie wir etwa auch unser Seelengärtlein umgraben – wenn wir es tun –, bepflanzen und begießen. Pflanzen und Blumen wecken in uns das Gefühl des Wachstums, der Schönheit, des Wachsens und des Verblühens, mit ihnen drücken wir aber auch unsere Gefühle aus. Die Arbeit im Garten kann gesehen werden als die Arbeit am Ausdruck der Gefühle, am erotischen Ausdruck. Dies wird besonders deutlich in der Begegnung mit der Königstochter: Der Gärtnerjunge zieht sein Hütchen ab, die goldenen Haare blitzen in der Sonne, die Strahlen fallen in das Schlafzimmer der Königstochter, sie erblickt den Jungen und sagt: »Junge, bring mir einen Blumenstrauß.«

Ein wundervolles Bild für das Aufblitzen des Eros – sie lässt sich treffen, betreffen von diesem Strahlen, es ist ein Bild für die erotische Begegnung. Und dieser Begegnung will die Königstochter etwas Dauer verleihen, indem sie um den Blumenstrauß bittet, sie soll sichtbar werden. Der Junge, als er ihr Feldblumen bringt, sagt etwas aus über den Eros, den er zu bieten hat: Die wilden Blumen riechen kräftiger, sie werden der Prinzessin besser gefallen. Sein Eros ist näher an der wilden Natur, obwohl er im Garten gearbeitet hat. Er bleibt seiner Eisenhans-Seite treu und lässt sich von ihr nicht abbringen. Seine goldenen Haare will er nicht noch einmal zeigen – es ist wohl zu früh, er würde durch sie behaftet und dadurch überfordert werden. Deshalb wohl bezeichnet er sich auch immer als Grindkopf. Damit ist wohl der äußerste Gegensatz zu den goldenen Haaren gemeint, etwas Abstoßendes, etwas, das ihn von anderen isoliert, ihm also Zeit lässt, für sich zu reifen.

Und nun setzt das Geplänkel zwischen Königstochter und Gärtnerjunge ein. Es beginnt damit, dass er die Golddukaten nicht für sich nimmt, sondern sie den Gärtnerskindern zum Spielen gibt: Er kann das Gold von ihr noch nicht annehmen; fasst man die Gärtnerskinder allerdings als

Persönlichkeitsanteile von ihm auf, dann zeigt es sich, dass in dem Bereich, wo der Eros gepflegt wird, eben noch viele Kinder sind, und die werden durch diese erste Liebe beschenkt. Das Geplänkel geht aber weiter: Sie will ihm das Hütchen vom Kopf reißen und es gelingt ihr nicht, er wiederum will ihre Dukaten nicht. Diesem ersten Zusammenkommen mit den leuchtenden Haaren, die in ihr Schlafzimmer blitzen, folgt eine Phase, in der er sich gegen ihre Übergriffe wehrt, sich noch einmal bewahrt.

Noch ist in seinem Leben etwas zu leisten, bevor er sich mit der Königstochter verbinden kann. Dabei geht es bei allen Märchen dieses Typus darum, dass der Gärtnerjunge beweist, dass er ein Held sein kann.

Es ist Krieg – und Krieg hat im Märchen immer mit dem Aspekt zu tun, dass Gegensätze, die zuvor auch schon immer sichtbar waren – meistens wurde einer davon verdrängt –, sich jetzt gegenüberstehen, dass nun eine Auseinandersetzung stattfinden kann. Wir kennen im Märchen das Heer des andern Königs nicht, wir wissen nicht, was er vertritt, es geht wohl eher um das Motiv des Sich-Wehrens, Sich-Auseinandersetzens, Sich-vor-Übergriffen-Schützens. Außerdem darf man bei diesem Märchenmotiv nie vergessen, dass hier die Ideale der Ritterzeit noch mit eine Rolle spielen, wie es sich dann ja auch in der Apfelszene zeigt. In den Kampf ziehen, das war das männliche Ideal, dahinter steckte aber die Notwendigkeit, sich wirklich dem Leben zu stellen, Herausforderungen anzunehmen. Im dreibeinigen Gaul wird wiederum der Gegensatz zwischen dem goldenen Haar und dem Grindkopf sichtbar: Hat er den schlechtesten Gaul erhalten, erhält er vom Eisenhans das feurigste Pferd. Betrachtet man ihn am Hofe als Gärtnerjungen, sieht man seine goldenen Haare nicht – und er benimmt sich auch entsprechend, was einer Polarisierung im Selbstwertgefühl gleichkommt, wobei er seine goldenen Haare nie vergisst. Auch wenn er gering geachtet wird, er weiß um seinen Wert. So kann er denn auch sagen, dass er das Beste getan habe, dass es ohne ihn schlecht ausgegangen wäre.

Den Kampf wendet er aber zu seinen Gunsten mit dem Kriegsvolk des Eisenhans. Im »Eisenhänsischen« sind ihm also auch viele Möglichkeiten des eisernen Durchhaltens, eines Aspekts der Aggression, zugekommen, die er nach Bedarf holen, die er aber auch wieder abgeben kann; er kann also wirklich über diese kämpferischen Möglichkeiten verfügen, sie leben. Langsam realisiert sich die eisenhänsische Potenz.

Der König will ein Fest feiern, die Königstochter soll den goldenen Apfel werfen – damit soll der Unbekannte angelockt werden. Nun ist das Gold bei der Königstochter und auch das Werben geht jetzt von ihr aus. Mir scheint, dass das Märchen auch zeigt, wie immer in einem Leben einmal die Aktivität bei dem Mann ist, dann wiederum bei der Frau: Der Rhythmus muss stimmen, dann sind auch die Schicksale im Märchen geglückt.

Der Apfel ist ein weitverbreitetes Liebessymbol, im Märchen einen Apfel anbieten gilt als Angebot von Liebe. Die goldenen Äpfel der Hesperiden sind die Äpfel der Unsterblichkeit und der ewigen Jugend. Die Mutter Erde hatte der Göttin Hera zur Hochzeit einen solchen Apfelbaum geschenkt, der von den Töchtern des Atlas, den Hesperiden, und dem ewig wachsamen Drachen Ladon gehütet wurde. Die goldenen Äpfel sind ein Geschenk der Mutter Erde zur Hochzeit ihrer Tochter. Dadurch, dass ein Gott und eine Göttin in der heiligen Hochzeit sich miteinander paaren, wird die Fruchtbarkeit der Erde garantiert und erhalten, wird recht eigentlich Auferstehung alles Toten erreicht und damit die Erhaltung der Schöpfung. Als Zeichen der ewigen Jugend wird im goldenen Apfel auch ausgedrückt, dass in der Liebe, im Eros, wir ewig jung bleiben, dass Eros in sich auch ewig jung ist, dass er immer wieder neu und unverbraucht aufbrechen kann. Die goldenen Äpfel der Hesperiden galten denn auch als Symbole der Unsterblichkeit, einer Unsterblichkeit im Zusammenhang mit der Liebe und der Fruchtbarkeit, die von der Mutter Erde geschenkt werden, der weiblichen Göttin. Deshalb fordern Prinzessinnen goldene Äpfel auch oft als Liebesgabe von den Märchenhelden. Sie müssen damit zeigen, dass sie an der Liebe, an ihrer Fruchtbarkeit, aber auch an dem Tod, der ihr innewohnt, und den Kräften der Wiedergeburt Anteil haben.

Wiederum hilft der Eisenhans: Wenden wir uns noch den Rüstungen zu, die der Eisenhans dem Gärtnerjungen gibt, denn auch diese Rüstungen sagen noch einmal etwas aus über dieses »Eisenhänsische«. Die erste Rüstung ist rot, dazu gehört ein roter Fuchs als Pferd. Die zweite Rüstung ist weiß, der Gärtnerjunge reitet auf einem Schimmel, die dritte Rüstung ist schwarz, er reitet auf einem Rappen.

Diese drei Erscheinungsformen des Ritters zeigen drei Aspekte seines Wesens, die mit dem Eisenhans in Verbindung stehen und wohl auch ausdrücken, dass er den Eisenhans in seine Persönlichkeit integriert hat. Im roten Aufzug zeigt sich die Leidenschaftlichkeit, mit der auch Leiden verbunden ist, aber auch das Feurige, das Draufgängerische, das sehr Irdisch-Triebhafte. Im weißen Aufzug sehe ich den Gegensatz dazu: die Farbe, die vielleicht dem kristallklaren Brunnen entsprechen könnte, die bestimmt den oberen Bereichen zugeordnet ist. Pferde, die den Sonnenwagen ziehen, sind weiße Pferde – es sind bestimmt auch die Pferde, die in seiner Jugend dominiert haben dürften.

Das schwarze Pferd ist das Pferd, das den Totengöttern gehört – und mit dem schwarzen Aufzug drückt er aus, dass er auch im Zusammenhang mit dem Dunkeln steht, auch mit dem Tod. In jeder dieser Formen erhält er einen Apfel zugeworfen – in jeder dieser Formen, mit jeder dieser Einstellungen kann er Liebe erlangen.

Als schwarzer Ritter wird er verwundet; bei der Integration des »Dunklen«, des Todesaspekts, aber auch des Chthonischen, wird er verwundet, ist er verwundbar, und darum erkennbar; da fällt ihm auch der Helm vom Kopf – und da wird auch sichtbar, dass er goldene Haare hat, da wird erstmals sichtbar, dass er in sich das Schwarze und das Gold trägt, Dunkel und Hell, Tag und Nacht, Weibliches und Männliches.

Aber noch immer gibt er sich als Gärtnerjunge aus, wenn er auch dem Gärtner immer alles erzählt, was ihm widerfahren ist, dem Gärtner, der eine vermittelnde Vaterfigur darstellt. Erst jetzt tritt der Junge als er selber auf, sagt, was er getan hat, bekennt sich zu seinen Werten. Die Verbindung zwischen ihm und der Königstochter ist überfällig. Das »Eisenhänsische« zeigt sich noch immer darin, dass er so gar keine Umstände macht – die Königstochter aber auch nicht.

Jetzt können die alten Eltern wieder hergeholt werden. Er hat zu seiner Autonomie gefunden, er hat sich mit dem Weiblichen verbinden können, er hat das »Eisenhänsische« integriert und es dadurch auch erlöst. Er kann den Eltern in einer ganz anderen Position wieder entgegentreten, jetzt können sie ihm auch nicht mehr gefährlich werden.

Beeindruckend ist, dass als Letzter der erlöste Eisenhans kommt, auch als König, und dem jungen König alle seine Schätze, allen Reichtum gibt, der in ihm war und der sich aufgrund seiner Verwünschtheit als destruktive Kraft äußerte. Aus der destruktiven Kraft wurde Lebenskraft im weitesten Sinne, weil der Junge sich von ihr ergreifen ließ. Nicht bloß, dass er seine Königstochter gefunden hat, ist das Wichtigste; dass er dabei den Eisenhans erlöste, das ist darüber hinaus noch wichtig. Und das wiederum weist darauf hin, wenn wir dieses Märchen als Familienmärchen ansehen wollen, dass es die Reifung zum beziehungsfähigen Mann zum Thema hat, aber unter der ganz speziellen Voraussetzung, dass das Wilde, Triebhafte, Emotionale, Naturnahe in dieser Familie oder auch in der kollektiven Situation der Werte gefährlich verdrängt war. Versuchen wir, dieses Märchen oder dieses Familienmuster auch subjektstufig zu sehen:

Wenn wir davon ausgehen, dass der junge Königssohn das Modell für eine Persönlichkeit darstellt, die sich selbst finden will, die leben will, was in ihm angelegt ist, die sich zur Beziehungsfähigkeit hin entwickeln will, dann wäre diese Persönlichkeit noch im Kindstadium, das heißt: die Elternanteile in ihm dominieren, und zwar zunächst die von den eigenen Eltern geprägten. Diese Persönlichkeit würde also bestimmt sein von dem, was der Vater und die Mutter an Werten, Haltungen und Verhaltensweisen vertreten. Der ganze Impuls nach Entwicklung und die Seiten, die von den Eltern ausgespart worden sind, konstellieren sich und machen sich zunächst als Störung bemerkbar. Diese Störung kann sichtbar gemacht werden, aber nimmt die Persönlichkeit in Beschlag: Ein Komplex ist konstelliert. Eine solche Persönlichkeit würde vermutlich plötzlich ein sehr anderes Leben leben als das, das den Eltern angemessen erscheint; Ablösung erfolgt immer so, dass man das lebt, was zuvor im System ausgespart worden ist. Die neue Lebensweise birgt dann auch die Chance, sich bewusst zu werden über sich selbst. Ergriffen zu sein vom Körperlichen, Emotionalen, Triebhaften, vom Aufbrechenden und Meditation auf den eigenen Weg wird möglich. Indem man sich seiner selbst bewusst wird und sich akzeptiert, kann ein neuer Lebensschritt getan werden – der Königssohn ist beziehungsfähig geworden und gewinnt nun das Weibliche.

Jorinde und Joringel

Ein Weg aus der Symbiose hin zu echter Beziehung

>> Es war einmal ein altes Schloss mitten in einem großen dicken Wald, darinnen wohnte eine alte Frau ganz allein, das war eine Erzzauberin. Am Tage machte sie sich zur Katze oder zur Nachteule, des Abends aber wurde sie wieder ordentlich wie ein Mensch gestaltet. Sie konnte das Wild und die Vögel herbeilocken und dann schlachtete sie's, kochte und briet es. Wenn jemand auf hundert Schritte dem Schloss nahekam, so musste er stillestehen und konnte sich nicht von der Stelle bewegen, bis sie ihn lossprach. Wenn aber eine keusche Jungfrau in diesen Kreis kam, so verwandelte sie dieselbe in einen Vogel und sperrte sie dann in einen Korb ein und trug den Korb in eine Kammer des Schlosses. Sie hatte wohl siebentausend solcher Körbe mit so raren Vögeln im Schlosse.

Nun war einmal eine Jungfrau, die hieß Jorinde; sie war schöner als alle anderen Mädchen. Die und dann ein gar schöner Jüngling namens Joringel hatten sich zusammen versprochen. Sie waren in den Brauttagen und sie hatten ihr größtes Vergnügen eins am andern. Damit sie nun einsmalen vertraut zusammen reden könnten, gingen sie in den Wald spazieren. »Hüte dich«, sagte Joringel, »dass du nicht so nahe ans Schloss kommst.« Es war ein schöner Abend, die Sonne schien zwischen den Stämmen der Bäume hell ins dunkle Grün des Waldes und die Turteltaube sang kläglich auf den alten Maibuchen.

Jorinde weinte zuweilen, setzte sich hin im Sonnenschein und klagte; Joringel klagte auch. Sie waren so bestürzt, als wenn sie hätten sterben sollen: Sie sahen sich um, waren irre und wussten nicht, wohin sie nach Hause gehen sollten. Noch halb stand die Sonne über dem Berg und halb war sie unter. Joringel sah durchs Gebüsch und sah die alte Mauer des Schlosses nah bei sich; er erschrak und wurde todbang. Jorinde sang:

»Mein Vöglein mit dem Ringlein rot
singt Leide, Leide, Leide:
Es singt dem Täubelein seinen Tod,
singt Leide, Lei – zucküht, zicküht, zicküth.«

Joringel sah nach Jorinde. Jorinde war in eine Nachtigall verwandelt, die sang: »Zicküth, zicküth.« Eine Nachteule mit glühenden Augen flog dreimal um sie herum und schrie dreimal: »Schu, hu, hu, hu.« Joringel konnte sich nicht regen, er stand da wie ein Stein, konnte nicht weinen, nicht reden, nicht Hand noch Fuß regen. Nun war die Sonne unter: Die Eule flog in einen Strauch und gleich darauf kam eine alte krumme Frau aus diesem hervor, gelb und mager, große rote Augen, krumme Nase, die mit der Spitze ans Kinn reichte. Sie murmelte, fing die Nachtigall und trug sie auf der Hand fort. Joringel konnte nichts sagen, nicht von der Stelle kommen; die Nachtigall war fort. Endlich kam das Weib wieder und sagte mit dumpfer Stimme: »Grüß dich, Zachiel, wenn's Möndel ins Körbel scheint, bind los, Zachiel, zu guter Stund.« Da wurde Joringel los. Er fiel vor dem Weib auf die Knie und bat, sie möchte ihm seine Jorinde wiedergeben, aber sie sagte, er sollte sie nie wiederhaben, und ging fort.
Er rief, er weinte, er jammerte, aber alles umsonst. »Uu, was soll mir geschehen?« Joringel ging fort und kam endlich in ein fremdes Dorf; da hütete er die Schafe lange Zeit. Oft

ging er rund um das Schloss herum, aber nicht zu nahe dabei. Endlich träumte er einmal des Nachts, er fände eine blutrote Blume, in deren Mitte eine schöne große Perle war. Die Blume brach er ab und ging damit zum Schlosse: Alles, was er mit der Blume berührte, ward von der Zauberei frei; auch träumte er, er hätte seine Jorinde dadurch wiederbekommen.

Des Morgens, als er erwachte, fing er an, durch Berg und Tal zu suchen, ob er eine solche Blume fände. Er suchte bis an den neunten Tag, da fand er die blutrote Blume am Morgen früh. In der Mitte war ein großer Tautropfen, so groß wie die schönste Perle. Diese Blume trug er Tag und Nacht bis zum Schloss. Wie er auf hundert Schritt nahe bis zum Schloss kam, da ward er nicht fest, sondern ging fort bis ans Tor. Joringel freute sich hoch, berührte die Pforte mit der Blume, und sie sprang auf. Er ging hinein, durch den Hof, horchte, wo er die vielen Vögel vernähme; endlich hörte er's. Er ging und fand den Saal, darauf war die Zauberin und fütterte die Vögel in den siebentausend Körben. Wie sie den Joringel sah, ward sie bös, sehr bös, schalt, spie Gift und Galle gegen ihn aus, aber sie konnte auf zwei Schritte nicht an ihn kommen. Er kehrte sich nicht an sie und ging, besah die Körbe mit den Vögeln; da waren aber viele Hundert Nachtigallen, wie sollte er nun seine Jorinde wiederfinden? Indem er so zusah, merkte er, dass die Alte heimlich ein Körbchen mit einem Vogel wegnahm und damit nach der Türe ging. Flugs sprang er hinzu, berührte das Körbchen mit der Blume und auch das alte Weib: Nun konnte sie nichts mehr zaubern und Jorinde stand da, hatte ihn um den Hals gefasst, so schön, wie sie ehemals war. Da machte er auch alle die andern Vögel wieder zu Jungfrauen, und da ging er mit seiner Jorinde nach Hause und sie lebten lange vergnügt zusammen.[5] »

Dieses Märchen ist ein deutsches Märchen, in der Romantik aufgezeichnet und ebenfalls aus der Sammlung der Brüder Grimm.

Im Titel kündigt sich bereits ein Problem an: Jorinde und Joringel gleichen sich sehr in ihren Namen. Das könnte bedeuten, dass damit zwei Aspekte von ein und demselben Menschen ausgedrückt sind, seine weibliche und seine männliche Seite; es kann aber auch bedeuten, dass die beiden miteinander eine sehr enge Beziehung haben, sodass ihre Unterschiede verwischt werden: eine symbiotische Beziehung. Das Märchen beginnt damit, dass im großen dicken Wald, in einem alten Schloss, eine Erzzauberin wohnt, die sich tags in eine Katze oder Eule verwandeln kann, nachts aber ein Mensch ist. Kommt man ihr zu nah, dann wird man unbeweglich. Keusche Jungfrauen verwandelt sie in Vögel, steckt diese in einen Korb und bringt sie in eine Kammer. Sie nimmt also gefangen, und der, der gefangen wird, wird immer mehr eingeschlossen: in den Vogel, in den Korb, in die Kammer ... Es ist, wie wenn sich viele Hüllen über diesen Menschen werfen würden.

Wenden wir uns zunächst einmal noch der Erzzauberin zu: Sie entspricht etwas Verdrängtem, so ganz allein, mitten im dichten Wald. Sie kann mit Tieren umgehen und bezeichnet sich selbst näher durch die Tiere, in die sie sich verwandeln kann: in Katze und Eule. Bastet und Sachmet, zwei ägyptische Muttergöttinnen, werden mit Katzenköpfen dargestellt, wobei die Bastet die gute Katze verkörpert, die Sachmet die wütende, die dementsprechend oft auch mit einem Löwenkopf dargestellt wird. Dass die Katze mit dem Weiblichen zu tun haben könnte, leuchtet uns ein: Wir kennen den Ausdruck »Katze« für Frau, und zwar geht es bei dieser Ausdrucksweise immer darum, dass aus einer erotischen Perspektive geredet wird. Auch dass es je eine

Göttin für die gute Katze gibt und eine für die böse, scheint einleuchtend. Wir wissen von unsern Hauskatzen, dass sie vollkommen unberechenbar sind: Einmal spüren wir ihre Samtpfötchen, und wenn es der Katze nicht mehr passt, dann eben die Krallen. Die Katze symbolisiert eine instinkthafte Weiblichkeit, anschmiegsam – und doch eigenständig und unberechenbar. Die Eule gilt als Vogel der Athena. Athena ist die Göttin der Weisheit, des Krieges, des Kämpfertums, des Handwerks. Die Eule ist Symbol der nächtlichen Weisheit im Sinne des Seherischen und der Ahnungen.

So könnte man sagen, dass in der Ausgangssituation des Märchens gezeigt ist, dass wir es mit einer Zeit zu tun haben, die das Instinktiv-Weibliche und das Geisthaft-Weibliche, symbolisiert in Katze und Eule, verdrängt und in der man deshalb Angst hat, verzaubert zu werden. Das Zauberische, das Seherische, das sich vielleicht im Sichergreifen-Lassen von den Dingen, in einem Sich-inspirieren-Lassen, im Ernstnehmen von Ahnungen äußert, wird verdrängt und zugleich gesucht. Wir haben es hier mit einem romantischen Märchen zu tun; in der Romantik finden wir eine Gefühlskultur wie kaum je zuvor, nachdem diese Seite ja in den tiefen Wald verbannt war.

Joringel weiß durchaus, dass man sich vor dem Schloss hüten muss, dass man nicht zu nah herankommen darf, aber das Schloss übt geradezu einen Sog aus. Wenn wir bedenken, dass die Erzzauberin 7000 Körbe mit Jungfrauen hütet, dann muss dieser Sog sehr wirksam sein. In den Bann dieser Erzzauberin kommt man offenbar immer, wenn man verliebt ist – wie hier Jorinde und Joringel. Verliebtheit verzaubert ja wirklich, aber der Zauber hier fördert nicht das Leben, sondern hemmt es. Die beiden haben ja auch schon eine Vorahnung: Sie sind so traurig, als wenn sie hätten sterben sollen. Zum Sterben passt auch, dass Sonnenuntergang ist, es ist Abend. Wenn zwei sehr verliebt sind, dann konstelliert sich der Mutterkomplex, und das Problematische am kollektiven Mutterkomplex, der sich in der Zeitsituation ausdrückt, konstelliert sich natürlich mit.

Diese symbiotische Beziehung von Jorinde und Joringel führt mit andern Worten »nur« zu dieser Erzzauberin, in einen Bereich also, wo der Mann total versteinert, also bewegungslos, ausdruckslos wird und seine Frau nicht mehr erreicht. Die Frau wird in eine Nachtigall verwandelt, von deren Gesang man sagt, er sei so klagend, so traurig, so voll Sehnsucht, gleichzeitig aber auch so verführerisch aufreizend – aber sie bleibt unerreichbar. Die Beziehung zwischen den beiden ist unterbrochen. Hinter diesem Nachtigall-Sein der Frau, hinter diesem Gefangensein in einer Nachtigall steht die Erzzauberin. Für eine reale Beziehung könnte es heißen, dass zwei Verliebte sehr symbiotisch miteinander sind und dass dadurch, dass dieser »Zauberaspekt« der Liebe so sehr gewollt ist und auch so sehr einer Sehnsucht entspricht – hier auch Zeitsehnsucht –, die Frau erhöht wird, zu einer Nachtigall emporstilisiert wird. Die Frau wird dann natürlich »übermenschlich« – und nichtmenschlich, nicht mehr erreichbar. Und der Mann ist dann eben versteinert, er kann nicht handeln, er kann sich seine Jorinde nicht zurückholen, die Beziehung bricht ab.

Man kann diese Nachtigallen auch als die vielen »schönen Seelen« sehen, die nichts mehr mit dem realen Leben zu tun haben – und viele Männer der Romantik in ihren Bann gezogen haben und sie damit ebenfalls von der Realität wegzogen.[6]

Aus der Symbiose ist die Trennung geworden. Joringel wird durch einen Zauberspruch aus der Versteinerung gelöst –

die Erzzauberin interessiert sich in dieser Version des Märchens nur für die Jungfrauen, es gibt allerdings eine andere Version, in der die Jungfrauen dann die Schafe hüten und die jungen Männer bei der Zauberin bleiben müssen. Was bedeutet es, dass Joringel Schafe hütet? Er hütet zunächst allein. Er muss die Trennung akzeptieren. Hüten heißt, etwas zusammenhalten; eigentlich hüten die Märchenhelden sich selber, sie sammeln ihre vitalen Kräfte. Das ist auch ausgedrückt in dem Bild, dass er immer einmal wieder um das Schloss der Hexe herumgeht – nicht zu nah natürlich: Er scheint das Problem zu umschreiten, er sammelt sich. Gleichzeitig ist Hüten auch ein Akt der Introversion: Er besinnt sich auf sich. Dieser Akt der Selbstbesinnung ist mit großer Trauer verbunden, die er aushält.

Und endlich eines Nachts träumt er den erlösenden Traum: Er träumt, er fände eine blutrote Blume, in deren Mitte eine schöne große Perle ist. Und damit kann er den Bann lösen. Das könnte eine Beschreibung eines therapeutischen Prozesses sein: Joringel geht um sein Problem herum, er schaut es von allen Seiten an, ist dabei bemüht, seine Kräfte zu sammeln, zu hüten, zu sehen – und eines Tages träumt er einen Traum, der ihm die Lösung des Problems nahelegt. Auch das Traumbild legt Wert auf das Zentrum der Blume, auf die Mitte.

Was könnte die blutrote Blume verkörpern? Im Blutrot steckt die Leidenschaft und das Leiden, Blut, Körperlichkeit. Die Blume steht oft für unsere Gefühle, für Eros, die rote Blume für das leidenschaftliche Gefühl der Liebe, das körperhafte Gefühl auch, nun aber verbunden mit der weißen Perle. Die blutrote Blume schafft auch die Verbindung zu Jorinde, die ja als Vogel ein rotes Ringlein trug. Die Perle gilt bei uns als große Kostbarkeit, als etwas Vollendetes; bei den Mystikern ist sie das Symbol für die Erleuchtung, das

Symbol für das Finden einer Einheit zwischen dem Göttlichen und Menschlichen. Die Perle wächst konzentrisch, und wenn sie ein Symbol für eine Erleuchtung ist, dann eine Erleuchtung, die ganz langsam gewachsen ist. Das Wachsen der Perle kann in Zusammenhang gebracht werden mit dem Umkreisen des Schlosses durch Joringel. In der Verbindung der roten Blume mit der weißen Perle sehe ich das Gefühl der Verbundenheit von körperlicher und mystischer Liebe, das er nun als Erlebnis für sich gewonnen hat. Das Faszinosum der Liebe müsste ihn nun nicht mehr lähmen – er hat es in sich gefunden und erlebt. Die Macht der Hexe müsste dadurch gebannt sein.

Als die Zauberin Joringel losband, sagte sie den dunklen Satz: »Wenn's Möndel ins Körbel scheint, bind los, Zachiel ...« Es ist nicht ganz klar, worauf sich dieser Spruch bezieht, aber vom Bild her könnte man einen Zusammenhang herstellen mit dem Mond im Korb und der Perle in der Mitte der blutroten Blume. In Joringel selbst muss also zunächst die Gegensatzvereinigung erfolgen und dann kann er seine Jorinde wiederfinden.

Nun war das ja ein Traum. Joringel geht sofort daran, das, was er gesehen hat – er hat jetzt gelernt zu »sehen« –, in der Realität zu suchen. Er findet eine Blume mit dem Tautropfen, Zeichen dafür, dass es Morgen geworden ist, dass die Nacht des Leidens vorbei ist. Dass er im Tautropfen die Perle erkennt, scheint mir zu zeigen, dass er jetzt durch das Reale hindurch den transzendenten Hintergrund erkennen kann, sehen kann. Und jetzt kann ihm die Erzzauberin nichts mehr anhaben; was sie allein verkörpert hatte und was ihm fehlte, hat er nun auch. Aber mehr noch: Er ist ein in sich Zentrierter, er hat seine Mitte gefunden – und deshalb kann er nun seine Jorinde holen. Sie muss nicht mehr die Nachtigall für ihn sein – das mystische Erleben hat er jetzt für sich selbst erfahren, sie muss es ihm nicht mehr ersetzen. Es kann jetzt eine reale Beziehung aufgebaut werden. Die Zauberin kann nicht mehr an ihn herankommen, sie hat die Macht über ihn verloren – und auch über Jorinde und über die 7000 andern Nachtigallen.

Wir haben es in diesem Märchen mit der symbiotischen Verliebtheit zweier Menschen zu tun – wobei Verliebtheit sicher immer etwas Symbiotisches an sich hat –, hier im Märchen speziell ausgedrückt dadurch, dass die beiden so ähnliche Namen haben. Dies geschieht in einer Zeitsituation, in der das Instinktiv-Weibliche und die weibliche Weisheit – vermischt wohl mit Naturmystik – zwar noch im tiefen Wald liegen, aber offenbar doch einen großen Sog ausüben. Erliegt man diesem Sog, das heißt, wird diese ganze erahnte, erwartete und gefürchtete Gefühlssphäre auf die Frau übertragen, die den Sturm der Gefühle ja auslöst, dann wird die Beziehung nicht mehr möglich; der Mann wird versteinert, die Frau zu einer Nachtigall. Sie wird der menschlichen Gestalt beraubt, sie kann nicht mehr als Mensch reagieren.

Der Weg aus der Symbiose besteht darin, dass Joringel, der zwar auch gebannt wurde von der Zauberin, aber doch nicht auf die Dauer gefangen, zu sich selber kommen muss. Er muss die Trennung ertragen, sich besinnen auf seine Kräfte, das Problem des Verlustes und den Bereich der Erzzauberin, die diesen Verlust bewirkt hat, immer wieder bedenken. Er muss bedenken, was ihn so sehr gebannt und ihm die ganze Autonomie geraubt hat – aber auch seine Jorinde, das, was er so sehr geliebt hat.

Er muss sich als Einzelner seiner Innenwelt zuwenden – und dann wird ihm in einem Traum mitgeteilt, was den Bann löst. Der Traum drückt aus, dass er in sich ein starkes Gefühl gefunden hat: Körperliche Liebe und geistige Liebe, die Ahnung von etwas Transzendentem darin, kann er als Einheit erleben. Seine symbiotischen Bedürfnisse sind nun auf ein Erlebnis von Transzendenz in ihm übertragen. Das, was zuvor in Katze und Eule auf einer bewusstseinsferneren Stufe ausgedrückt war, ist ihm jetzt als Erlebnis zugäng-

lich. Es ist als Erlebnis langsam gewachsen und so verliert die Zauberin die Macht über ihn und über Jorinde. Mir scheint, dass in diesem Märchen klar ausgedrückt ist, dass in einer symbiotischen Beziehung – wenn wir sie nun einmal als Partnerbeziehung auffassen, wie es in diesem Märchen sicher dargestellt ist – der den Entwicklungsschritt machen muss, der von der symbiotischen Situation weniger gelähmt wird, und dass dann aber für beide eine neue Situation entsteht.

Den anderen finden

Der grüne Ritter

Sehnsucht nach dem anderen

» Es war einmal ein König, der war Witwer und hatte eine einzige Tochter. Es gibt ein altes Sprichwort: »Witwerleid ist wie Ellenbogenstöße, es tut weh, aber es geht bald vorüber.« Und so verheiratete er sich mit einer Königin, die zwei Töchter hatte.

Auch diese Stiefmutter war nicht besser als alle Stiefmütter, schlimm und boshaft war sie gegen die Stieftochter.

Nach einiger Zeit, als die Prinzessinnen erwachsen waren, brach ein Krieg aus, der König musste ausziehen, für Land und Reich zu kämpfen. Die drei Töchter durften sich etwas wünschen, was der König mitheimbringen würde, sobald er die Feinde besiegt hätte. Die Stieftöchter durften zuerst sagen, was sie sich wünschten. Ja, die erste bat um ein goldenes Spinnrädchen, so groß, dass es auf einem silbernen Achtschillingstück stehen könne. Die andere bat um ein Goldapfelbäumchen, so groß, dass es auf einem silbernen Achtschillingstück stehen könne. Das wollten sie haben. Diese Dinge waren nun weder zum Spinnen noch zum Ernten zu gebrauchen, zu gar nichts. Aber seine eigene Tochter, die wollte nichts anderes haben, als dass er den grünen Ritter grüßen solle.

Der König zog in den Krieg und gewann ihn und dann kaufte er das, was er den Stieftöchtern versprochen hatte. Das, worum ihn seine eigene Tochter gebeten hatte, war vollkommen vergessen. – Weil er den Krieg gewonnen hatte, gab er ein Gastmahl. Dabei sah er auf einmal den grünen Ritter und dadurch erinnerte er sich an den Wunsch, und so richtete er ihm die Grüße seiner Tochter aus. Der Ritter dankte ihm für die Grüße und gab ihm ein Buch, das wie ein Gesangbuch aussah, mit Buchdeckeln zum Zuschnallen und Verschließen. Das sollte der König mitnehmen und ihr geben. Aber aufschließen dürfe er es nicht, und auch sie dürfe es nur aufschließen, wenn sie allein wäre.

Als der König mit Krieg und Gastmählern fertig war, kam er wieder nach Hause. Kaum war er zur Tür hereingetreten, umringten ihn die Stieftöchter schon und fragten nach dem, was er ihnen mitgebracht hätte. Ja, er hatte beides mitgebracht. Aber seine eigene Tochter hielt sich zurück und fragte nicht. Und der König hatte es auch vergessen. Aber einmal, als er ausgehen wollte, trug er wieder denselben Rock, den er zu dem Gastmahl getragen hatte. Und als er in die Tasche griff, um sein Taschentuch herauszuziehen, kam ihm das Buch in die Hände. Jetzt gab er es ihr und sagte, er solle grüßen, das schicke ihr der grüne Ritter und sie solle es nur aufschließen, wenn sie allein wäre.

Am Abend, als sie allein in ihrer Schlafkammer war, schloss sie das Buch auf und da hörte sie eine Melodie, die so schön war, wie sie noch keine gehört hatte, und dann kam der grüne Ritter. Er sagte, dass dies Buch so beschaffen sei: Sobald sie es aufschlösse, käme er zu ihr, wo sie auch sei, und wenn sie es wieder zuschlösse, sei er im selben Augenblick verschwunden.

Ja, am Abend, wenn sie allein und in Ruhe war, öffnete sie das Buch manchmal und der Ritter kam stets zu ihr. Sie sahen sich sehr oft. – Aber die Stiefmutter steckte ihre Nase in alles, ihr schien es, dass da jemand drinnen bei ihr sei, und sie sagte es sofort dem König. Der wollte es aber nicht glauben, das müsse er erst selbst sehen und sie solle es ihm zeigen. Eines Abends standen sie außen vor der Tür und lauschten und da schien es zuerst, als ob jemand drinnen spräche. Als sie aber hineinkamen, war niemand da. »Mit wem hast du gesprochen?«, fragte die Stiefmutter hart und rauh. »Es war niemand hier«, sagte die Königstochter. »Ich habe es aber ganz deutlich gehört«, beharrte die Königin. »Ich las noch in einem Gebetbuch.« »Zeige es mir«, sagte die Königin. »Ja, das ist aber doch wirklich nichts anderes als ein Gebetbuch und das muss sie doch lesen dürfen«, sagte der König. Doch die Stiefmutter glaubte dasselbe wie vorher. Sie bohrte ein Loch in die Wand und lauerte. Eines Abends hörte sie, dass der Ritter da war. Sie riss die Tür auf und fuhr wie ein Wind zur Stieftochter hinein. Aber diese hatte das Buch schnell geschlossen und fort war er in aller Eile. Aber so schnell es auch ging, so hatte doch die Stiefmutter einen Hauch von ihm gesehen und sie war gewiss, dass jemand da gewesen war.

Nun geschah es, dass der König auf eine lange Reise gehen musste. Sofort ließ die Stiefmutter ein tiefes Loch in die Erde graben und dahinein ein Haus mauern. Aber in die Mauern ließ sie Rattenpulver legen und andere starke Gifte, damit nicht einmal eine Maus hereinkommen könne. Den Maurermeister bezahlte sie gut und er musste versprechen, aus dem Lande zu reisen. Aber das tat er nicht. Er blieb, wo er war. Die Königstochter wurde hinuntergeführt mit ihrer Dienstmagd und der Gang wurde so weit zugemauert, dass nur ein kleines Loch offen blieb, um ihnen Speise durchzureichen. Hier unten saß sie nun und trauerte und die Zeit wurde ihr lang und länger. Da erinnerte sie sich, dass sie ja das Buch mit hinuntergenommen hatte. Sie nahm es zur Hand und schloss es auf. Zuerst hörte sie dieselbe schöne Melodie, welche sie immer gehört hatte, danach aber einen unglücklichen Jammerlaut und dann erschien der grüne Ritter. »Ich werde in der nächsten Zeit sterben müssen«, sagte er, und dann erzählte er, dass die Stiefmutter starkes Gift in die Wände gemischt hätte und er wüsste nicht, ob er lebend wieder herauskäme. Als sie das Buch wieder schließen musste, hörte sie denselben unglücklichen jammernden Laut.

Aber die Dienstmagd, die sie bei sich hatte, besaß einen Liebsten. Der bekam Botschaft zugesendet, er solle zum Maurermeister gehen und ihn bitten, das Loch so groß zu machen, dass sie wieder hinaufkriechen könnten, die Königstochter würde ihn so gut bezahlen, dass er sein Lebtag genug haben würde. Und er tat es auch wirklich. Sie schlüpften heraus und reisten weg in fremde Länder, und wohin sie auch kamen, die Königstochter und die Dienerin, überall fragten sie nach dem grünen Ritter.

Nach langer Zeit kamen sie zu einem Schloss, das war ganz schwarz verkleidet. Und als sie hinaufgehen wollten, kam ein Regenguss über sie, sodass die Königstochter Schutz suchte unter dem überdachten Umgang der Kirche. Dort wollte sie den ärgsten Regen abwarten. Als sie dort stand, kamen ein alter Mann und ein junger Mann, die auch vor dem Regen Schutz suchten. Aber die Prinzessin zog sich in den Winkel zurück, sodass sie nicht gesehen wurde.

»Wie kommt es, dass dies Königsschloss schwarz verhangen ist?«, fragte der Junge. »Weißt du das nicht«, sagte der alte Mann, »der Prinz dort oben ist todkrank, früher nannten sie ihn den grünen Ritter.« Und dann erzählte er, wie das zugegangen war. Als der Junge das gehört hatte, fragte er, ob denn niemand da sei, der ihn wieder gesund machen könne. »Nein, da gibt es nur noch den einen Weg, dass die Jungfrau, welche in dem Haus unter der Erde sitzt, kommt und heilkräftige Kräuter auf den Feldern pflückt, sie in süßer Milch kocht und ihn drei Mal damit wäscht.« Und dann zählte er all die Kräuter auf, die ihn gesund machen würden. Das hörte die Prinzessin und merkte sie sich gut. Als sie nach Haus kam, ging sie gleich hinaus in Feld und Wald und sammelte die Kräuter. Auch die Dienstmagd pflückte und sammelte früh und spät all die Kräuter, die sie zum Kochen brauchten. Dann kaufte sich die Königstochter einen Doktorhut und ein Doktorgewand, ging hinauf zum König und erbot sich, den Prinzen gesund zu machen.

Nein, das könne alles nichts nützen, sagte der König, so viele hätten das schon versucht, aber es sei nur schlechter statt besser geworden. Sie gab sich damit nicht zufrieden, sondern versprach, dass es ganz sicher besser werden würde und sogar sehr bald. Also gut, sie bekam schließlich die Erlaubnis, es auszuprobieren. Sie kam herein zum grünen Ritter und wusch ihn das erste Mal. Als sie den andern Tag wieder kam, ging es ihm schon so viel besser, dass er im Bett sitzen konnte. Da wusch sie ihn das zweite Mal, und am nächsten Tag konnte er schon in der Stube umhergehen. Da wusch sie ihn das dritte Mal, und am folgenden Tage war er frisch und gesund wie ein Fisch im Wasser. Er könne hinaus auf die Jagd gehen, sagte der Doktor. Da war der König so glücklich wie ein Vogel an sonnenlichten Tagen und dankte dem Doktor. Aber der »Doktor« wollte heim. Dort warf sie Hut und Gewand von sich, schmückte sich und bereitete eine Mahlzeit.

Sie schlug das Buch auf, da ertönte dieselbe schöne, frohe Melodie wie ehedem und mit einem Male kam der grüne Ritter. Er wunderte sich, wie sie hierhergekommen sei, und da erzählte sie ihm, was sich alles zugetragen hatte. Als sie nun beide gegessen und getrunken hatten, nahm er sie mit hinauf zum Schloss und erzählte dem König die ganze Geschichte von Anfang bis zu Ende. Nun wurde Hochzeit gehalten und ein großes Fest gefeiert, und als sie damit fertig waren, reisten sie heim. Das war eine große Freude für ihren Vater. Aber die Stiefmutter nahm man und sperrte sie in eine Nageltonne und rollte sie den Berg hinab.[7] «

Dieses Märchen ist ein norwegisches Märchen. Wir haben eine Tochter mit einer verhältnismäßig engen Bindung zum Vater. Im Märchen geht es deshalb auch darum, dass die Tochter sich ablösen muss, um sich einem Mann zuwenden zu können. Das kann als äußere Beziehung verstanden werden oder als Entwicklungsschritt, der bewirkt, dass ihr Ichkomplex nicht mehr dem Vaterkomplex verhaftet bleibt; das heißt, dass sie eigenständiger wird, herausfindet, was sie selbst möchte, wer sie selbst ist.

Dieses Familiensystem, aus dem sich die Tochter herausentwickeln muss, ist nun wiederum durch ein ganz spezielles Problem ausgezeichnet: Es herrscht eine ausgeprägte Beziehungslosigkeit. Der Satz: »Witwerleid ist wie Ellenbogenstöße, es tut weh, aber es geht bald vorüber«, ist ein ausgesprochen zynischer Satz. Die verstorbene Frau wird dann auch gleich ersetzt. Die Tochter muss sich also nicht nur vom Vater ablösen, sie muss dabei auch ein Beziehungsdefizit aufarbeiten. Man bekommt zusätzlich am Anfang des Märchens schnell den Eindruck, dass viel Unfriede im Haus herrscht, was im Märchen dadurch zum Ausdruck gebracht wird, dass der König in den Krieg ziehen muss. Möglicherweise heißt das, dass der Unfriede im Haus gleich in die Welt hinausprojiziert wird, ein weltpolitisches Ereignis ist und dass In-den-Krieg-Ziehen das Bild dafür ist. Es kann aber auch einfach heißen, dass in diesem System Unfrieden herrscht und Auseinandersetzung nottut.

Jetzt, da dieser Unfriede offengelegt wird, der König in den Krieg zieht, da wird doch ein bisschen etwas von Beziehung sichtbar: Die drei Töchter dürfen sich etwas wünschen. Wünsche sind etwas ausgesprochen Wichtiges im Märchen – und auch im Leben, denn mit Wünschen erweitern wir uns den Lebensraum; der Wunsch ist eine Selbstdefinition auf die Zukunft hin. Was möchte ich haben, was würde zu mir passen, was habe ich eigentlich für einen Wunsch ans Leben? Mit den Wünschen entwerfen wir uns in die Zukunft hinein. Es ist nicht einfach etwas Irreales oder Ausdruck von Gier, sondern es ist wirklich eine Ausweitung des Lebensraums.

Was wollen die Töchter? Der Erzähler oder die Erzählerin – ich weiß nicht, wer das Märchen erzählt hat – wird ja nicht müde zu sagen, dass die ersten beiden Töchter etwas ganz Unsinniges sich wünschen und erst die dritte Tochter mit dem Gruß an den grünen Ritter etwas Vernünftiges. Wir kennen aus Parallelmärchen wesentlich unvernünftigere Wünsche: Da will die eine wunderschöne Kleider, die andere will einfach Schmuck haben usw. Hier habe ich das Gefühl, dass die Wünsche mehr symbolisieren als die Sehnsucht nach dem »glitzernden Leben«.

Das Spinnrädchen erinnert uns daran, dass der Lebensfaden gesponnen werden muss, dass das Schicksal seinen Lauf nehmen muss. Apfelbäume mit goldenen Äpfeln erinnern wieder an die Äpfel der Hesperiden. Unser Baum im Märchen trägt diese goldenen Äpfel jedoch nicht mehr; das Symbol der ewigen Fruchtbarkeit, das mit der Liebesgöttin in Zusammenhang steht, gibt es nicht mehr, ja sogar der Baum, auf dem diese Äpfel gewachsen sind, ist krank oder gar abgestorben.

Der Baum ist eines der bedeutendsten Symbole. Er wird oft mit dem Menschen verglichen: Er steht aufrecht wie ein Mensch, wächst, blüht, trägt Früchte und verliert sie, vergeht. Er ist in den Rhythmus der Jahreszeiten eingebunden. Oft wird der Baum auch zum Symbol der ganzen

Menschheit: Wurzelnd in der Erde, sich ausbreitend in die Welt hinein, strebt sie wie er zum Himmel und verbindet so Unterirdisches mit Überirdischem. Insofern gibt der Baum auch eine Deutung des Menschseins: Wachsend, den Rhythmen der Jahreszeiten entsprechend in dauernder Wandlung, soll der Mensch seinen Urgrund mit dem Himmlischen verknüpfen, soll er Erdhaftes und Himmlisches miteinander verbinden. Hier sind also keimhaft, modellhaft Wünsche ausgedrückt nach einem geglückten Leben und nach Liebe.

Die dritte Tochter bittet den Vater, einen Gruß an den grünen Ritter zu überbringen. Sie hat offenbar einen Beziehungswunsch; wir können auch sagen: Was in den Wünschen der ersten beiden Töchter – das sind ja auch Persönlichkeitsaspekte von ihr – ausgedrückt ist, das wird nun konkreter in ihrem Beziehungswunsch, in ihrer Sehnsucht nach dem grünen Ritter, der uns geheimnisvoll anmutet. Es handelt sich dabei um die Personifikation eines geheimnisvollen Fremden. Diese geheimnisvollen Fremden faszinieren und erschrecken, sie sind Bilder der Sehnsucht nach dem ganz anderen.

Wie sieht denn eigentlich der grüne Ritter aus? Wir kennen die Farbe Grün im Zusammenhang mit dem Keimenden, mit dem Werdenden, mit Anfangsstadien – da ist einer etwa noch ein »grüner Junge«. Grün ist sowohl die Farbe der Natur, die Farbe des natürlichen Wachstums, als auch die Farbe der Unreife; und es gibt zudem auch noch ein giftiges Grün.

In der ägyptischen Mythologie wird Osiris dann der Grüne genannt, wenn er der Gott der Auferstehung ist, was auch auf den Frühling verweist. Das können wir gut nachfühlen, denn hier in Mitteleuropa verbinden wir die Farbe Grün und das erste wachsende Grün auch mit Frühling, mit dem

Aufbrechen der Natur, mit einer neuen Hoffnung. Auch zu Mercurius, der als Naturgeist galt, gehört die Farbe Grün – und Grün ist auch die Farbe des Geistes in der Natur, die Kraft des Werdenden, aber auch die ganze Kraft des Vegetativen, diese Kraft, die man so leicht auch mit dem Erotischen in Verbindung bringt. Mercurius gilt als der Grüne – und das ist oft im Märchen auch der Teufel. Diese Grünkraft, wie es Hildegard von Bingen nennen würde, die Kraft im Werden, die viel mit Erotik, mit Sexualität, mit Wachsen, mit Werden ganz allgemein zu tun hat, der Lebensdrang in all seinen Ausprägungen ist ja auch bei uns oft verteufelt worden. Deshalb wird der Teufel gelegentlich auch der Grüne genannt.

Auf diesen grünen Ritter also konzentriert sich nicht nur die Hoffnung auf das ganz andere, mit ihm verbindet sich ganz allgemein viel Hoffnung auf etwas Neues, auf neues Leben, auf neue Lebendigkeit, neuen Eros, neue Lebenskraft, wobei Hoffnung und Angst zunächst einander die Waage halten.

Ganz anders ist dieser Fremde nun aber auch wieder nicht, denn der Vater scheint ihn zu kennen. Er könnte also ein fremd gewordener Anteil des Vaters sein. Diese geheimnisvollen Fremden haben – von der weiblichen Psychologie aus gesehen – oft etwas zu tun mit der Seite vom Vater, die er nicht oder die er nur sporadisch gelebt hat. Dazu würde passen, dass er ständig den Wunsch vergisst, er vergisst die Tochter, den grünen Ritter, dann vergisst er wieder das Gebetbuch. Ein Glück nur, dass er wieder einmal die gleiche Jacke anzieht, sonst wäre dieses Gebetbuch einfach verloren gegangen!

Animusentwicklung, und darum geht es in der Annäherung an den grünen Ritter, hat etwas mit unserem Vaterkomplex zu tun, hat etwas mit unseren Vätern zu tun, bei

Männern und bei Frauen, aber es hat auch etwas zu tun mit Ablösung und mit der Faszination durch das ganz andere.

Interessant ist, dass der grüne Ritter, den wir eher dem Grünbereich des Vegetativen zuordnen würden, dem Vater ein Gebetbuch oder ein Gesangbuch mitgibt. In ihm verdichten sich offenbar zwei verschiedene, große Lebensbereiche: Grün steht im Zusammenhang mit der Natur, auch mit der Natur des Menschen, mit seiner ganzen Sinnenhaftigkeit, die ja sehr viel weiter ist als Sexualität und diese natürlich mit einschließt, eben mit dem, was verteufelt worden ist, weil es wohl nicht so ganz zum christlichen Gedankengut passen will. Ausgerechnet dieser grüne Ritter übergibt das Gesang- oder das Gebetbuch: Schließt man dies auf, dann erschließt sich offenbar der grüne Ritter. Da wird Innenraum eröffnet. Man könnte also sagen, dass durch eine konventionelle Frömmigkeit diese Sehnsucht nach dem ganz anderen, nach diesem Grünen, leicht Verbotenen, erschlossen wird. Durch ihre Beziehung zu geistig Religiösem, was sie ja als Vaters Tochter durchaus hat, spürt sie zunächst sehr feine Gefühlsregungen in sich – die schöne Melodie, die erklingt –, die eine Offenheit zur Transzendenz anzeigen, sie in eine erwartungsvolle Stimmung bringen – und dann steigt in ihr die Fantasie vom grünen Ritter auf.[8] Ich sehe das Aufschlagen des Buches als das Eintreten in eine sehr lebendige Imagination mit diesem grünen Ritter. Ihn stellt sie sich in der Fantasie vor, da hat sie einen Geheimnisraum, da hat sie etwas Eigenes, eine wunderbare leicht erotisch getönte Fantasie.

Diese Situation könnte auch auf eine Beziehung übertragen werden, auf eine Beziehung, bei der sehr wenig realer, konkreter Kontakt stattfindet, bei der indessen ungeheuer viel Fantasie und Sehnsucht die fehlende reale Begegnung ersetzen. Das Grüne, dieses Lebensvolle, dieses Vitale, dieses naturhaft Sinnenhafte, steht in einem gewissen Gegensatz zum Gebetbuch, sagte ich. Weil diese Fantasie in sich ambivalent ist, auf der einen Seite heilig, aber auf der anderen Seite wahrscheinlich ganz unheilig – ich kann mir nicht vorstellen, dass man mit einem grünen Ritter nur so schön redet –, kommt hier religiöses und erotisches Erleben zusammen und löst natürlich auch das schlechte Gewissen aus: Das darf eigentlich nicht sein.

Das schlechte Gewissen ist in diesem Märchen dargestellt durch die Stiefmutter, die ja sehr deutlich die Funktion von Kontrolle und Abwehr verkörpert. Die bohrt richtig. Sie verkörpert das bohrende schlechte Gewissen, Selbstvorwürfe, Schuldgefühle, etwa: »Ich darf doch nichts Gutes haben, und das, was ich habe, darf ich schon ganz und gar nicht haben.« Hier wird der Mutterkomplex in der negativen Wirkung sehr sichtbar: »Du hast eigentlich keine Daseinsberechtigung, und wenn es dir auch gut geht, dann darf es dir eigentlich nicht gut gehen.« Das ist eine ungeheuer tragische Folge des Mutterkomplexes in seiner negativen Auswirkung: das Gefühl, es dürfe uns nicht gut gehen, wir hätten keine Daseinsberechtigung.

Das Märchen sagt, eine solche Haltung vergifte die ganze Situation. Diese Selbstvorwürfe, dieses Bohren und dass man sich keine Daseinsberechtigung zugesteht, all das vergiftet langsam den Innenraum.

Zunächst existiert wenigstens der Vater, der halbherzig schützt; auch hat die Tochter Persönlichkeitsanteile in sich, die vom Vater in ihr belebt worden sind und die ihr ein Lebensrecht, ihr auch einen eigenen Lebensbereich zugestehen. Diese lebensfördernde Seite ist im Fortgang des Märchens in der Figur der Dienerin verkörpert, die zudem noch den gesunden, praktischen Menschenverstand vertritt und symbolisiert.

Dann aber muss der Vater auf die Reise gehen. Es ist ein bekanntes Ärgernis im Märchen: Wann immer man die Väter dringend brauchte, gehen diese auf eine Reise. Im Märchen hat das auch einen Sinn, psychologisch kann man es verstehen: Wenn eine Beziehung zu einem inneren geheimnisvollen Fremden einsetzt, dann darf der Vater gar nicht mehr so wichtig sein, weil ja sonst dieser geheimnisvolle Fremde immer mit dem Vater verflochten bleiben würde oder eben die Entwicklung gestoppt würde. Das heißt, die Entwicklung aus dem Vaterkomplex heraus, die durch die Sehnsucht nach dem geheimnisvollen Fremden von der Psyche selbst als Entwicklungsschritt eingeleitet wird, würde nicht aufgenommen werden.

Es gibt einen zweiten Grund für die Abwesenheit des Vaters: Um nicht eine abgeleitete Identität zu bekommen, um nicht eine Tochter zu werden, die vom Vaterkomplex und von den Vätern bestimmt wird in ihrer Identität, ist die Auseinandersetzung mit dem Mutterkomplex nötig. Mit dem Mutterkomplex, wie er sich halt in dieser Situation zeigt, in diesem sehr vergifteten Aspekt. Man kann sich auch das gut praktisch vorstellen: Immer dann, wenn wir uns lebensvolle Fantasien versagen, wenn wir uns kreative Fantasien versagen, weil sie aus irgendeinem Grunde nicht ganz akzeptabel sind, dann werden wir ganz leicht destruktiv. Für mich ist Destruktivität sehr deutlich verbunden mit dem Abblocken der Kreativität.

Das Märchen zeigt, dass die Tochter sich jetzt mit der destruktiven Macht des Mutterkomplexes auseinandersetzen muss, um zu ihrer eigenen Identität zu finden, damit sie dann mit diesem geheimnisvollen Fremden in eine Beziehung treten kann. Die Auseinandersetzung mit der destruktiven Wirkung des Mutterkomplexes führt sie in dieses tiefe Loch in der Erde, immerhin: ein Loch in der Erde. Es gibt vergleichbare Situationen in Märchen, da kommt sie nicht in ein Loch in der Erde, sondern auf einen Glasberg oder auf einen Berg. Der Vater ist in jenen Märchen noch weniger bezogen auf seine Tochter als bei diesem Märchen hier. Beim Loch in der Erde – so schrecklich das Bild ist – drängt sich doch der Gedanke auf, dass sie geerdet wird, dass sie auf den Grund kommt, nämlich auf den Grund des Problems, und dass sie nicht einfach weit erhoben ist über das Problem, abgeschnitten, im luftleeren Raum, und sich daher gar nicht mit diesem Problem auseinandersetzen könnte. Dieses Haus, das da in das Loch gesetzt wird, ist aber schrecklich vergiftet. Ist dieses Haus ein Symbol für ihre Persönlichkeit[9] in der aktuellen Befindlichkeit, dann dürfte sie isoliert, sicher depressiv sein, ein Mensch, der abgeschlossen wirkt, verschlossen, »eingemauert« ist, »vermauert« und wahrscheinlich gar nicht wenig Gift gegen außen abgibt. Dieses Eingemauertsein ist kein friedlicher Zustand, weder für die Menschen, die sich eingemauert haben, noch für die Menschen, die um sie herum sein müssen. So schrecklich es aussieht, dieses Bild, so schrecklich es einen auch anmutet, es geht um die notwendige Auseinandersetzung mit sich selbst als vergiftetem und vergiftendem Menschen.

Endlich erinnert sich die Tochter auch wieder an das Gesangbuch – und das ist ja wohl das erste Auftauchen aus dieser Depression: Sie erinnert sich daran, dass es einmal auch noch etwas Faszinierendes in ihrem Leben gab. Aber gerade diese Erinnerung stürzt sie ins tiefste Elend. Man hört den Schrei des Ritters, den Ausdruck der größten Not. Sie muss das Gefühl haben, das Liebste, das ihr geblieben ist, zerstört zu haben. Jetzt wird es ihr wohl bewusst geworden sein, dass sie alles vergiftet hat. Wenn wir das Beschwören des grünen Ritters als eine Fantasie für gelingendes Leben auffassen, das mit Eros und mit Spiritualität verbunden ist, dann ist auch diese Fantasie jetzt vergiftet. Sie merkt jetzt wahrscheinlich erst, was sie die ganze Zeit getan hat. Bittere Selbsterkenntnis als Tiefpunkt. Dieser Tiefpunkt wird jetzt überschritten: Sie hat das Leid ausgehalten, sie hat sich erschrocken über das Gift, und der grüne Ritter in der alten Form ihrer Jugend muss auch sterben, muss sich wandeln, er müsste ja nur nicht gleich so schrecklich vergiftet werden.

Jetzt kommen die Dienstmagd und ihr Geliebter auf den Plan: Neues bahnt sich an. Die Dienstmagd und ihr Geliebter, das ist, wie Papagena und Papageno in der *Zauberflöte*, das Buffo-Paar. Es ist das erste Paar in diesem Märchen, das überhaupt eine Beziehung hat. Die Dienstmagd und ihr Geliebter symbolisieren konkrete Möglichkeiten der Lebensbewältigung und wecken die Hoffnung auf Beziehung, obwohl jetzt gerade die Trennung vom grünen Ritter erlebt worden ist; sie stehen für das Anpackenkönnen, was man eben auch kann, wenn man als Tochter einen positiven Vaterkomplex hat. In diesem Paar können auch einfach grundlegende Überlebensinstinkte ausgedrückt sein. Es geht uns ja manchmal unendlich schlecht, und plötzlich merken wir, dass unser Körper laufen will oder dass unser Körper essen will usw., obwohl wir denken, wir wollten eigentlich gar nichts mehr, wir hätten keinen Wunsch mehr ans Leben. Wir scheinen über solche basalen Überlebensinstinkte zu verfügen und dann folgen wir letztlich doch auch den Visionen vom besseren Leben. Diese Lebensinstinkte sagen der Tochter, dass sie ihre jetzige Lebenssituation endgültig verlassen, den grünen Ritter suchen und finden muss. Sie muss anerkennen, dass sie äußerst verletzend, vergiftend war.

Der Maurer kann helfen. Er ist übrigens die einzige Person im Märchen, die der Stiefmutter Widerstand geleistet hat.

Er sollte in ein anderes Land gehen, aber er tat es nicht. Alle Persönlichkeitsanteile, die nicht unter der Dominanz des vergiftend wirkenden Mutterkomplexes standen, ermöglichen eine Öffnung zu einem Leben hin, das nicht mehr unter der Herrschaft dieser Mutter steht.

Aber damit dies gelingt, muss man sich abgrenzen, auf die Fahrt gehen, Neues erfahren. Tochter und Dienerin verlassen das alte System mit dem Ziel, die zentrale Lebensfantasie wiederzufinden und ins Leben einzubauen, und die Tochter will auch die Verantwortung fürs Gift übernehmen. Sie will das Vergiftete und auch das Vergiftende hinter sich lassen. Jetzt geht es um das Heilen.

Nach langer Zeit – wir können uns vorstellen, dass weite Wege zurückgelegt sind und dass die beiden Frauen sich dabei mit der Natur auseinandersetzen mussten – kommen sie zu dem schwarz verkleideten Schloss, dem sichtbaren Zeichen der Trauer und der Depression, die jetzt öffentlich ist und damit auch angehbar. Der Regenguss – Regen löst im Märchen immer die Spannung – treibt sie unter das Kirchendach. Dort hört sie, was getan werden muss. Während zuvor die religiöse und die grüne Seite in einem gewissen Widerspruch standen, auch kollektiv gesehen, ist hier nun eine erste Verbindung durch die beiden Männer gegeben, die um das Unglück des grünen Ritters wissen, aber auch um die Heilmittel. Im Raum der Kirche werden die Heilmittel der Natur erwähnt, die dem grünen Ritter helfen könnten. Da die Tochter von einem positiven Vaterkomplex geprägt ist, kann das Männliche wieder hilfreich sein, können hilfreiche männliche Anteile in ihr Ideen vermitteln dafür, was zu tun ist: Kräuter suchen. Sie muss das, was aus der Mutter Erde an Heilendem wächst, einbringen und muss es in süßer Milch kochen. Die Milch ist die Nahrung der Kuh, die selbst ein Symbol der Fruchtbarkeit spendenden und ernährenden Großen Mutter ist. Mit der Milch kann Gift »entgiftet« werden im Märchen. Wenn sie Heilkräuter sucht und sie in Milch badet, bewegt sie sich im Bereich der lebenspendenden Großen Mutter – ein Gegenbereich zum Bereich der vergiftenden Mutter. Das heißt, sie muss Seiten in sich finden, die heilend sind und nicht vergiftend. Sie geht auf eine liebende Suche, sie denkt heilend an den Ritter, nicht mehr vergiftend. Sie erlebt sich als Frau, die heilen, nicht nur vergiften kann. Das gibt ihr das Gefühl einer neuen Identität. Erst jetzt, nachdem sie den Kontakt zu dieser heilenden Seite in sich gefunden hat, kann sie sich wirklich mit der vergifteten Seite in Beziehung setzen – wenn wir den grünen Ritter zunächst einmal als eigene innere Seite, die sich in Fantasien äußerte, sehen wollen.

Beziehungsmäßig würde man in einer Situation, die so vergiftet ist, auch Gift in der Beziehung mit dem konkreten Mann wirken lassen. Aussagen wie: »Männer wollen ja nur das Eine«, »Sie sind ja nur ... «, »Das ist doch alles ... «, »Das darf man doch alles gar nicht dürfen wollen«, zeigen, dass eine »vergiftete« Animusprojektion auf den Mann stattfinden kann. Das Projizieren der eigenen vergifteten männlichen Seite auf den konkreten Mann müsste aufhören. Intrapsychisch müsste man das Sich-Identifizieren mit dem Vergiftetsein aufgeben, das heißt aber auch, dass man sehr viel Macht aufgeben müsste. So eine richtige Giftspritze zu sein, gibt ja auch sehr viel Macht. Als Giftspritze können wir die anderen fertigmachen – leider machen wir uns dabei selber auch total fertig. Dieses Giftspritzen müssten wir in die eigene Verantwortung nehmen: Wir müssten die Vergiftungssucht aufgeben.

Beim Waschen des Mannes wird nun die Beziehung konkret. Wenn man einen Mann wäscht, kommt man nicht umhin, seinen Körper wahrzunehmen. Das würde heißen, sie geht als neue Frau auch wirklich konkret an einen Mann heran, nimmt ihn wahr, nimmt ihn individuell wahr, beschäftigt sich auch mit seiner Haut, diesem Kontakt- und Beziehungsorgan. Jetzt ist er nicht mehr nur das Bild des grünen Ritters, sondern ein Mensch aus Fleisch und Blut, und deshalb wird er auch wieder gesund. Dass sie mit Doktorhut und Doktorgewand angetan zum Heilungsprozess geht, ist eine Anpassung an die Umstände. Als Kräuterfrau wäre sie wahrscheinlich hinausgeworfen worden. Das hängt auch mit der Zeit zusammen, in der das Märchen geschrieben wurde.

Besonders interessant ist die Schlussszene – praktisch die Wiederholung des Anfangs: Sie macht sich schön, sie richtet das Essen; das ist neu und zeigt, dass leibliche Bedürfnisse jetzt existieren dürfen. Dann nimmt sie wiederum das Gebetbuch, öffnet es und wieder erscheint der grüne Ritter. Es ist das Wesen der Verliebtheit, dass in der Begegnung mit dem konkreten Mann das innere Bild des faszinierenden Fremden auch mitschwingen kann. Dadurch ist dieser konkrete Mann eben nicht nur ein konkreter Mann, in ihm sind auch fremde geheimnisvolle Seiten erahnbar und erlebbar. Die Spaltung – hier ein Mann fürs praktische Leben, dort ein Mann zum Träumen davon – ist aufgehoben, wenn die Projektion des beherrschenden inneren Bildes auf einen konkreten Mann möglich ist. In diesem Fall ist man verliebt – so sagen uns die Märchen.

Im Märchen müssen die handelnden Personen immer darüber sprechen, wie alles gekommen ist. Sie müssen sich darüber bewusst werden, was geschehen ist, was zum Unglück und was wiederum zum Glück führte.

Der Vater des grünen Ritters ist glücklich wie ein Vogel im Sonnenlicht am Tage – eine unheimlich schöne Beschreibung für die Freude eines Königs; dass die sich so sehr freuen können, wird sonst eher selten erzählt. Dieser König hat getrauert und jetzt kann er sich auch freuen. Er steht in einer Beziehung und nimmt diese auch ernst – hier ist auch im Zusammenhang mit dem grünen Ritter eine neue Vaterqualität gewonnen worden.

Auch in diesem Märchen bleibt eine beachtliche Vatergebundenheit bestehen. Aber innerhalb dieser Vatergebundenheit ist die Problematik von Vergiften und Vergiftetwerden aufgehoben worden. Die Königstochter hat mehr als nur diese stiefmütterliche Seite in sich selbst überwunden, diese stiefmütterliche Seite, die ihr nichts gönnt und die man deshalb auch in die Nageltonne hineingeben kann – die ist energisch zu eliminieren. Die Königstochter hat sich auch mit der Kräuterfrau-Seite in sich verbunden.

Schlussszenen wie in diesem Märchen muten uns immer sehr brutal an, wir sind dann am Schluss zerfallen mit dem Märchen. Vielleicht ist das auch nötig und wichtig, weil wir uns damit vom Märchen abgrenzen. Unser Problem scheint mir aber dieses zu sein: Weil so viel Gewalt gegen Frauen ausgeübt wurde im Laufe der Geschichte, können wir bei diesen Szenen der Gewalt nicht mehr symbolisch denken. Es ist aber unsinnig, dass wir gerade hier aufhören, symbolisch zu denken. Wir müssen sehr wachsam sein auf jedes Ausüben von Gewalt gegen Frauen, aber auch gegen Menschen und gegen die Natur ganz allgemein. Dennoch müssen wir die Schlussszenen dieser Märchen auch symbolisch verstehen: Die eigene stiefmütterliche Seite, die uns alles vergiftet, die uns auch so vergiftend macht, die müssen wir energisch daran hindern weiterzuleben, sie darf wirklich sterben – und wenn möglich als etwas Besseres auferstehen.

Die Faszination in der Verliebtheit und die Faszination in der Liebe hängen damit zusammen, dass das Bild des geheimnisvollen Fremden, der geheimnisvollen Fremden oder gar des geheimnisvollen fremden Paares in der eigenen Psyche sich konstelliert und auch auf den Partner oder die Partnerin projiziert werden kann. Diese Projektionen beleben wiederum ähnliche Bilder in der eigenen Psyche – es werden »fremde« Anteile belebt, herausgeliebt, die die Hoffnung stimulieren, »ganz anders« werden zu können, Hoffnung auf Wandlung über alles Gewordensein hinaus – durch die Liebe.

Diese inneren Bilder der oder des geheimnisvollen Fremden oder des geheimnisvollen, faszinierenden fremden Paares sind Bilder, die die meisten Menschen ansprechen, bei den meisten bewusst vorhanden sind und ähnliche Fantasien auslösen. Sie sind eingefärbt durch Elternbeziehungen, Geschwisterbeziehungen, durch frühere Lieben, die wir gehabt haben. Dieses geheimnisvolle Fremde, was uns eben das Fremde, das ganz andere, in unser Leben hineinbringt, das fasziniert uns und das erschreckt uns auch. Fasziniert uns das Fremde, dann wollen wir ihm begegnen, sonst wehren wir ab. Sehr oft sind ja Menschen, die diese Bilder des geheimnisvollen Fremden verkörpern, so erschreckend, dass wir wieder ins Vertraute flüchten. Das heißt im Hinblick auf Beziehungen, dass wir doch wieder lieber eine Beziehung haben, in der wir nicht radikal infrage gestellt werden, sondern wo es so schön schwesterlich und brüderlich zu- und hergeht und das Vertraute über das Abgründige dominiert. Da ist dann aber auch weniger Faszination in der Liebe und nicht selten bricht dann plötzlich ein geheimnisvoller Fremder oder eine geheimnisvolle Fremde in solch eine vertraute Beziehung ein.

Eine solche Faszination muss irgendwie ins Leben hineingetragen werden; Faszination und gelebte Beziehung können dann zusammenkommen wie im Märchen vom grünen Ritter oder im Märchen *Der Pilger*.

Der Pilger

Suche nach der Partnerin

» Es war einmal ein König, der hatte zwei Söhne. Eines Tages schlich der älteste in das Gemach seines Vaters – obwohl ihm das verboten war – und da sah er auf einem Bild die schönste Prinzessin, die je ein Mensch gesehen hat. Der Prinz stand davor und konnte sich nicht sattsehen an dem Bildnis. Es dauerte aber gar nicht lange, so kam der alte König dazu. Der wurde zornig und warf den Prinzen hinaus. Und sosehr er auch bat und flehte, er möge ihm doch sagen, wer und aus welchem Reiche die Prinzessin sei, der Vater verriet es ihm nicht.

Solange der alte König noch am Leben war, durfte denn auch der Prinz nie mehr von der schönen Königstochter auf dem Bild reden; als der Vater jedoch die Augen für immer geschlossen hatte, ließ der Prinz alle Zauberer und Weisen des ganzen Landes zusammenkommen. Die mussten das Bild besehen und dann sagen, was es damit auf sich habe. Alle Mühe war jedoch vergeblich, niemand wusste ein Wort darüber zu sagen, bis endlich ein ganz alter Zauberer vor den jungen König trat und sprach: »Die Prinzessin, welche du suchst, wohnt weit fort von hier in einem Königreiche. Dort wird sie von ihrem Vater in einem Schloss am Grunde eines Sees verborgen. Willst du zu ihr, so lass dir ein Schiff bauen, welches zu Lande und zu Wasser fahrt, sonst kannst du das Land nicht erreichen.«

»Und wie komme ich in das verwünschte Schloss unter dem Wasser?«, fragte der König.

»Das musst du mit List anfangen!«, sagte der Zauberer,

»Lass dir eine Drehorgel anfertigen, mit einem goldenen Lamm davor. Die Orgel muss aber so kunstvoll angefertigt sein, dass du dich darin verstecken kannst, während dein Bruder das goldene Lamm am Zügel führt und vor den Vater der Prinzessin tritt.«

Die Rede gefiel dem jungen König wohl, und nachdem er den Zauberer belohnt hatte, ließ er alle Schiff- und Orgelbauer und alle Goldschmiede des ganzen Landes herbeirufen. Sie mussten ihm ein Schiff fertigstellen, das zu Wasser und zu Lande fuhr, und eine wunderschöne Drehorgel mit einem goldenen Lamm. Daran hatten die Leute eine gute Zeit zu arbeiten, aber als ein Jahr vergangen war, wurden sie doch endlich fertig. Nachdem der Leierkasten mit dem goldenen Lamm davor in das Schiff gebracht war, setzte sich der junge König ans Steuerruder, indes sein Bruder die Segel setzte, und fort fuhren sie über Land und Meer, bis sie in das Königreich kamen, von dem der alte Zauberer erzählt hatte. Dort ankerten sie und versteckten sich.

Der König kroch in die Orgel, während sein Bruder, der Prinz, das goldene Lamm am Zügel ergriff. Vor dem Königsschloss hielt der Prinz an und ließ die Orgel spielen, und das klang so schön, dass alle Leute herbeiliefen und dem Spiele zuhörten. Auch der alte König schaute zum Fenster heraus, und als er die wunderschöne Orgel mit dem goldenen Lamm erblickte, winkte er dem Leiermann, dass er zu ihm käme.

»Guter Freund, was soll die Orgel kosten?«, fragte der König, »ich will sie meiner Tochter schenken!«

»Ach, lieber Herr König«, antwortete der Prinz, »die Orgel ist mir nicht feil. Ich bin den Branntwein gewohnt, und wenn ihr mir viel Geld in die Hände gebt, so ist es bald mit lustigen Brüdern vertrunken und ich habe keinen Verdienst mehr und liege auf der Straße. So aber ziehe ich von

Dorf zu Dorf und von Stadt zu Stadt und der gibt mir einen Dreier und jener einen Groschen und ich habe mein Lebtag ein gutes Auskommen.«

Das musste der König einsehen, aber weil er die Orgel doch gar zu gerne gehabt hätte, fragte er den Spielmann, ob er sie ihm nicht auf drei Tage borgen wolle, dass er sie seiner Tochter zeige. Damit war der Prinz einverstanden, und während er sich in der Stadt auf des Königs Rechnung in den teuersten Wirtshäusern gütlich tat, führte der alte König das goldene Lamm durch den Schlossgarten und immer weiter und weiter, bis er endlich an einen großen See gelangte.

Am Ufer stand ein Busch, von dem der König einen grünen Zweig abbrach; mit dem schlug er drei Mal in das Wasser und sprach bei jedem Schlage: »Wasser, wandle dich in Erde!«

Sobald er zum dritten Male die Worte gesprochen hatte, teilte sich das Wasser, und eine breite Allee wurde sichtbar, die tief in den See hinabführte. Diese Straße entlang zog der König den Wagen, bis er zu einem großen Schloss gelangte. Die Prinzessin saß am Fenster und spielte Harfe und sang dazu, dass sie sich in ihrer Einsamkeit tröste. Als sie ihren Vater erblickte, rief sie ihm zu: »Väterchen, du hast also doch nicht meinen Geburtstag vergessen und bringst mir ein solch schönes Geschenk, dass ich einen Trost habe hier in dem hohen Schlosse tief unter dem Wasser?«

»Mein liebes Kind«, sagte der König, »diese Orgel will ich dir nur zeigen. Schenken kann ich sie dir nicht, weil sie ihrem Herrn nicht um alle Schätze der Welt feil ist.«

»Wenn du mir die Orgel nicht schenken kannst, dann hättest du sie mir gar nicht zeigen sollen!«, antwortete die Prinzessin, und schnapp! schlug sie ihrem Vater das Fenster vor der Nase zu und ließ ihn draußen stehen. Das nahm ihr der alte König übel, und ohne sich zu besinnen, drehte er sich um und kehrte mit dem Gefährt wieder auf die Oberwelt zurück. Als er oben angelangt war, schlug er mit dem kleinen Zweig drei Mal auf die Erde und sprach dabei: »Erde, wandle dich in Wasser!«

Alsbald schlugen die Wasserwogen, die zu beiden Seiten wie Mauern standen, wieder zusammen und so weit das Auge blicken konnte, war nichts zu sehen als Wasser. Darauf versteckte der König den Zweig in dem Buschwerk und eilte, dass er mit der Orgel wieder in das Schloss kam. Dort erhielt der Leiermann sein Eigentum zurück und ging damit in ein Wirtshaus, wo er den Deckel auftat und dem jungen König heraushalf. Kaum war derselbe draußen, so erzählte er seinem Bruder, wie es ihm ergangen war, und hieß ihn das Schiff bereithalten und das goldene Lamm mit der Orgel hineinschaffen, derweil er die Prinzessin befreien wolle.

Und das stellte er so an: Er schlich sich durch den Schlossgarten bis zu der grünen Wiese am See. Dort suchte er in dem Busch nach dem kleinen Zweig und schlug damit drei Mal auf das Wasser und sprach dabei: »Wasser, wandle dich in Erde!«

Da teilte sich das Wasser, und die Allee kam zum Vorschein. Die lief er entlang, so schnell ihn seine Füße tragen konnten, und da dauerte es dann auch gar nicht lange, bis er vor dem Schloss stand. Die Königstochter saß wieder am offenen Fenster und schlug die Harfe und sang dazu. Sie war von so wunderbarer Schönheit, dass der junge König gar kein Wort zu sagen wagte. Endlich fasste er sich aber doch ein Herz, rief die Prinzessin beim Namen und fragte sie, ob sie mit ihm kommen möchte, er wolle sie aus dem Gefängnis erlösen. Anfangs erschrak die Prinzessin, als sie den fremden Mann erblickte; da er aber schön von Angesicht war und sie zu befreien versprach, ließ sie sich nicht lange bitten, sondern kam mit ihrer Harfe zu ihm heraus. Dann fassten sie einander bei der Hand und gingen die Allee zurück bis zum Ufer des Sees. Dort schlug der junge König mit dem Zweig drei Mal auf die Erde und sprach: »Erde, wandle dich in Wasser!«

Und alsbald hatte der See alles wieder überflutet. Darauf eilte der junge König mit der Prinzessin vor die Stadt, wo sein Bruder schon im Schiff auf sie wartete. Rasch waren die beiden hineingestiegen und das Schiff fuhr los über Land und Sand, über Seen und Flüsse und über das wilde Meer, bis sie in die Stadt gelangten, wo der junge König Herrscher war. Dort stiegen sie aus, und weil der Bruder des Königs schon längst ein reiches Mädchen aus der Nachbarschaft gerne gehabt hatte, feierten die beiden Brüder Verlobung und Hochzeit an ein und demselben Tag und lebten glücklich und zufrieden lange Zeit.

Aber der Frau des Bruders war die junge Königin ein Dorn im Auge, denn sie missgönnte ihr die Schönheit und die Macht. Jeden Morgen, wenn sie aufstanden, und jeden Abend, wenn sie zu Bette gingen, lag sie ihrem Mann in den Ohren: »Warum hat dein Bruder, der König, das Harfenmädchen genommen?«, und das trieb sie so lange, bis der Prinz seine Schwägerin endlich auch nicht mehr leiden konnte.

In einem fernen Land jedoch besaß ein mächtiger Sultan auch ein Bild der schönen Harfenprinzessin. Da vernahm er durch seine Kundschafter, dass die Prinzessin, die unter dem Wasser verborgen war, geraubt worden sei. Darüber ergrimmte er sehr und er rüstete seine Schiffe und kreuzte auf allen Meeren, um die Prinzessin zu finden. Als er gerade mit seinen Kriegsschiffen vor dem Hafen der Stadt des jungen Königs auf der Lauer lag, unternahmen die beiden Brüder eine Lustfahrt auf ihrem wunderbaren Schiff, das auf dem Lande so gut wie auf dem Wasser fuhr. Sie stachen damit in See, doch als sie ein paar Meilen gefahren waren, fielen des Sultans Schiffe über sie her und sie wurden überwältigt und in die Türkei[10] gesandt. Dort kam das Schiff in die Schatzkammer des Sultans, die beiden Brüder aber wurden Sklaven und mussten die härtesten Arbeiten verrichten.

Inzwischen wartete die junge Königin vergeblich darauf, dass ihr Mann von der Lustfahrt heimkehre. Sie wartete einen Tag und noch einen, als aber auch am dritten Tage das Schifflein nicht einlaufen wollte, zog sie sich Pilgerkleider an, nahm ihre Harfe und wollte in die weite Welt hinauswandern, um ihren Mann zu suchen. Sie war aber noch kaum zum Saum des Meeres gelangt, als sie schon von den Leuten des Sultans ergriffen und – so sehr sie sich auch sträubte – zu diesem geschleppt wurde. In ihrer Not nahm sie ihre Harfe, schlug die Saiten und sang dazu:

»Was fehlet dir mein Herz, dass du so in mir schlägst?
Was ist es, dass du dich so heftig in mir regst?
Warum bewegst du dich mit solcher starken Macht?
Und wie entziehst du mir den süßen Schlaf bei Nacht?

Ich weiß die Ursach wohl, darf selber mich nur fragen,
der Himmel hat jetzt Lust, mein Herze so zu plagen.
Es schlagen über mir die Unglückswellen her,
ich schwebe voller Angst auf einem wilden Meer.«

Der Sultan hatte den Gesang vernommen und es war ihm, als habe er einen Engel gehört, so schön hatte der Pilger gesungen.

»Fürchte dich nicht, mein Sohn«, sprach er deshalb zu dem Pilger, »wer so schön singen kann, dem tue ich nichts zuleide. Jetzt aber nimm deine Harfe und singe noch ein Lied!«

Da schlug der Pilger wiederum die Saiten, dass es tönte, und sang dazu:

»In einen Trauersaal hat sich mein Herz verhüllet,
mein ganzer Lebensgeist mit Unruh ist erfüllet;
Ich kenne mich fast nicht, ich lebe ohne Ruh,
das Glücke ist mir feind, kehrt mir den Rücken zu.«

Dem Sultan liefen die Tränen in seinen Bart und er sprach: »Lieber Pilger, das Glück ist dir nicht feind, du sollst es bei mir finden. Komm mit mir, dass ich mit dir heimkehre in mein Reich, da sollst du mein liebster Geselle sein und sollst um mich bleiben den ganzen Tag. Was du willst, das soll geschehen, wenn du mir jeden Tag auf deiner Harfe vorspielst und mich mit deinem Gesang erfreust.«
Und damit war der Pilger einverstanden.
Als er nun eines Tages in des Sultans Garten lustwandelte, sah er plötzlich den jungen König und seinen Bruder nackt im Pfluge gehen. Ein Knecht trieb sie zu der harten Arbeit an und schlug sie mit der Peitsche, dass ihr rotes Blut zur Erde rann. Darüber wollte dem Pilger schier das Herz brechen und er nahm seine Harfe und sang:

»Ich war vor kurzer Zeit in einem schönen Garten,
darin erblickte ich viel Blumen mancher Arten,
und unter ihnen sah ich eine Rose blühn,
nichts mehr verlangte ich, als sie zu mir zu ziehn.

Du edle Rose du, wenn mich auch deine Dornen stechen
und wolltest du damit mein ganzes Herze brechen,
so trag' aus Liebe ich für dich die Wunden gern,
du aber gönne mir dein Angesicht von fern.«

Aber die beiden Prinzen achteten nicht auf den Gesang. Das Joch war zu schwer und sie fürchteten neue Hiebe. Der Pilger jedoch wollte sich nicht zu erkennen geben und ging. An der Pforte sah er noch einmal zurück und sang zum Harfenspiel:

»Jetzt muss ich ganz betrübt aus diesem Garten ziehn, und niemand fraget mich, warum ich traurig bin. Doch wer darum wohl weiß, wird keinen Spott erheben, sonst wollt' ich wünschen dem, dass er's sollt auch erleben.«

Darauf kehrte er in das Schloss zurück.

Über eine Zeit begab es sich, dass der Sultan seinen Geburtstag feiern sollte. Da hatte er die Gewohnheit, demjenigen, der ihm zuerst seine Glückwünsche darbrachte, einen Wunsch zu erfüllen. Das wusste jeder im Reiche und so versuchte jeder, am Morgen des Geburtstages zuerst den Sultan zu treffen, damit er ihm seinen Herzenswunsch erfülle. Diesmal waren sie aber allesamt übel beraten, denn der Pilger schlief vor des Sultans Schlafgemach. Darum war er auch der Erste, der dem Sultan langes Leben und Glück und Segen im neuen Jahr wünschte. Der Sultan freute sich darüber und hieß den Pilger einen Wunsch sagen, er würde ihm erfüllt werden, so wahr er Sultan sei. Da sprach der Pilger schnell: »Gnädiger Sultan, so bitte ich Euch, dass die beiden Prinzen, die unten im Garten nackt im Pfluge gehen müssen, als Eure Diener ins Schloss kommen und gehalten werden wie vornehmer Leute Kinder.«

»Mein Sohn«, sagte der Sultan hitzig, »du hast die Bitte gesprochen und ich muss sie gewähren. Aber lieber hätte ich mein halbes Reich verschenkt, als diese Bluthunde in mein Schloss zu nehmen!« Daran war jedoch nun nichts mehr zu ändern, die beiden Prinzen kamen als Diener in das Schloss und freuten sich, dem harten Sklavenleben entronnen zu sein. Der Pilger aber stieg trotz dieser Bitte, um seines schönen Gesanges willen, immer höher in des Sultans Gunst, sodass er einer der Mächtigsten wurde im ganzen Reiche.

Eines Tages ging nun der Sultan auf Reisen. Da ließ der Pilger die beiden Prinzen vor sich rufen und sprach: »Ich will euch die Freiheit schenken. Hier ist der Schlüssel zur Schatzkammer! Kommt mit mir, dass ich euch das Schiff gebe, welches zu Lande so gut fährt wie zu Wasser!«

Da fielen die Prinzen dem Pilger zu Füßen, denn sie erkannten ihn nicht. Er aber hob sie auf und ging mit ihnen zur Schatzkammer und gab ihnen das Schiff. Sie bestiegen es, und nachdem sie sich noch einmal bedankt und versprochen hatten, ihm seine Barmherzigkeit niemals zu vergessen, setzten sie die Segel und fuhren ohne Rast und Ruh über Land und Sand, über Flüsse und Seen und über das wilde Meer, bis sie in ihr Königreich gelangten. Dort herrschte große Freude über ihre Ankunft und es wurde ein prächtiges Fest gefeiert.

»Wo ist meine Frau?«, fragte der junge König.

»Wo mag sie sein!«, antwortete die gottlose Schwägerin, »kaum wart ihr drei Tage fort, so hielt sie es nicht mehr im Schloss. Sie nahm ihre Harfe unter den Arm und ging damit zum Strand hinab. Von dort ist sie in die weite Welt gezogen und spielt mit anderen Harfenleuten bei Hochzeiten und auf Jahrmärkten. Warum nahmst du dir aber auch ein Harfenmädchen? Die ist nicht umsonst von ihrem Vater auf den Grund des Sees verwünscht worden!«

Diese Worte gingen dem jungen König wie Messerstiche durchs Herz, denn er glaubte dem bösen Weib, und dabei hatte er die Prinzessin so lieb gehabt, ach, so lieb, und nun sah er sich betrogen. Und er schwor bei sich, er wolle sie auf einem Holzstoß verbrennen lassen, käme sie wieder in seine Hände.

Inzwischen hatte der Pilger nicht gewartet, bis der Sultan von seiner Reise zurückkam, sondern war heimlich aus dem Schlosse geflohen und wanderte nun mit seiner Harfe dem Reich des jungen Königs zu. Unterwegs nahm ihn ein Schiffersmann mitleidig auf, weil er so schön spielen konnte, und da dauerte es denn gar nicht lange, bis das Schiff in dem Hafen der Stadt, wo der junge König herrschte, vor Anker ging. Freudig stieg die Prinzessin an das Land und besorgte sich schöne Kleider, dann zog sie das Pilgerkleid aus und legte es zu der Harfe in einen Kasten. Sie eilte auf das Schloss in das Gemach des Königs und wollte ihm um den Hals fallen. Der hatte aber seine Frau kaum erkannt, so stieß er sie mit dem Fuß von sich, dass ihr die Sinne schwanden und sie ohnmächtig zur Erde sank. Und als sie wieder erwachte, lag sie in einem kahlen, schmutzigen Kerker, den nicht Sonne noch Mond beschien. Drei Tage saß sie darin, dann wurde sie auf den Richtplatz geführt, wo ihr der König das Urteil sprach. Sie solle als Landstreicherin und Hexe auf dem Holzstoß verbrannt werden, ihr Verbrechen sei ja auch gar zu groß. Die Schwägerin lachte und freute sich, denn nun wurde sie die Königin im Lande. Die Prinzessin aber weinte und bat ihren Mann, ob er ihr nicht wie jedem Verbrecher eine letzte Bitte gewähren wolle. Das mochte ihr der König nicht versagen und da bat sie, dass sie ihre Harfe holen und noch ein letztes Stück darauf spielen dürfe. Der Henker musste sie begleiten, doch als er mit ihr zurückkam, trauten der König und sein Bruder ihren Augen nicht. Das war nicht mehr die Prinzessin, sondern der Pilger, der sie aus der Sklaverei erlöst hatte, der aber schlug die Harfe und sang:

»Kennst du den Pilger nicht, dass du ihn so verstößt,
der viel gewagt für dich, dass du nun bist erlöst.
Von Sklaverei befreit, gebracht in alte Ehren,
ist das für alle Müh', für Leiden und Entbehren?

Ach, hätt' ich meinen Fuß dir nicht so nah gesetzt,
so hätt' der Dornenstich mein Herz nicht so verletzt.
Mein wilder, kühner Sinn hat mich dahin gebracht,
dass ich bin so verwund't und ganz und gar veracht.

Leb wohl, geliebter Mann, erinnerst du dich nicht?
Die Tränen liefen mir wohl übers Angesicht.
Gleich als ich dich einst sah, zum allerersten Mal,
da liebte ich dich so, war voll der Liebe Qual.«

Während der Pilger sang, konnten die beiden Prinzen ihre
Tränen nicht zurückhalten, und als er mit dem Liede zu
Ende gekommen war, fiel ihm der junge König zu Füßen
und bat mit flehender Stimme:

»Jetzt bricht mein Herz entzwei, wie hab' ich mich
    vergangen
an dir, du Seelenbild! Wie soll ich dich empfangen?
Auf meine matten Knie, da fall' ich nun vor dir
und küsse deine Füß', mein Liebstes verzeihe mir!«

Und ob ihm die junge Königin verzieh? Sie hob ihn in die
Höhe und zog ihn an ihr Herz und es wurde Versöhnung
gefeiert. Die böse Schwägerin aber, die mit ihren arglistigen
Reden das ganze Unheil angerichtet hatte, wurde zur Strafe
auf den Scheiterhaufen gesetzt, und sosehr das böse Weib
auch schrie, die Flammen ergriffen sie doch.
Der junge König aber lebte von nun an mit seiner Frau

und seinem Bruder glücklich und zufrieden sein Leben lang, und wenn sie nicht gestorben sind, so leben sie heute noch.[II] «

Überlegen wir uns einmal, mit welchem Problem das Suchen nach Liebe, die Suche nach dem anderen, der Partnerin, in diesem Märchen verknüpft ist. Es ist auffällig, dass wir es mit einem System zu tun haben – und das kann man kollektiv sehen als Zeitgeist oder auch individueller als Haltung in der Familie oder in einem Individuum –, in dem das Weibliche entweder idealisiert oder entwertet wird. Man hätte erwartet, dass der Prinz im Schlafzimmer des Vaters die Mutter oder eine Konkubine finden könnte. Aber nein, er findet ein Bild, so schön, dass er sich nicht mehr davon lösen kann. Die Frau ist einerseits ein wunderschönes Bild, idealisiert, hochstilisiert, daher nicht individuell, oder aber andernorts auf den Grund des Sees verbannt wie die Königstochter.

Die Abwesenheit des Weiblichen in diesem Märchen ist so normal, dass sie nicht einmal erwähnt wird. Normalerweise hört man wenigstens am Rande, warum keine Mutter vorhanden ist – nichts davon in diesem Märchen. Wir haben es hier mit einem deutlich androzentrischen Herrschaftssystem zu tun, mit einem Herrschaftssystem, das sehr auf Männer ausgerichtet ist und diesen allein wirkliche Bedeutung zuschreibt. Man bekommt auch den Eindruck, dass diese jungen Prinzen einen dominierenden Vaterkomplex haben und dass sie auch noch sehr deutlich unter der Herrschaft des Vaters stehen. Der Vater wirft den Ältesten ja auch kurzerhand hinaus, als der in seinen Raum eindringt, und gibt ihm auch keine Auskunft auf die Frage, wer diese wunderschöne Frau sei. Wahrscheinlich kann er keine Auskunft geben, auch wenn er wollte, weil er es selber nicht weiß.

Die Suche nach der Partnerin wird beeinflusst sein von einer Herkunft, bei der das Männliche außerordentlich dominierend ist und das Weibliche entweder entwertet und verdrängt wird oder idealisiert oder alles miteinander: Idealisieren ist ja eine Form des Verdrängens. Man kann Menschen ausgesprochen von sich fern halten, indem man sie idealisiert und gerade dadurch zu Nicht-Menschen macht, wenn auch zu vorzüglichen. Intrapsychisch betrachtet, hätten wir hier einen jungen Mann vor uns, in dessen Leben männliche Werte sehr dominieren, die weiblichen Werte zwar idealisiert werden, aber im Grunde genommen doch nicht im Alltagsleben zugelassen werden.

Die Faszination verändert die Situation. Das Bild der Frau in Vaters Schlafzimmer fasziniert den Prinzen, gibt ihm das Gefühl, dem Schönsten begegnet zu sein auf der Welt, aber auch dem Wichtigsten, was es gibt auf dieser Welt. Dieses Bild ist für ihn ein Bild der geheimnisvollen Fremden. Es ist ganz deutlich: Dieser Faszination von der geheimnisvollen Fremden muss er nachspüren, nachgehen. Allerdings steht ihm zunächst die Bindung an den Vater im Weg. Erst als der Vater gestorben ist, als eine Ablösung vom Vater erfolgt ist, kann er seinem inneren Anliegen nachgehen.

Aber das ist nicht einfach, denn auch die alten Weisen oder Zauberer wissen nicht, worum es geht; erst ein sehr, sehr alter Weiser weiß Rat. Man gewinnt den Eindruck, dass es hier um ein uraltes Problem geht – zulassen zu können, dass die Frau mehr als nur ein faszinierendes Bild ist, zu dem man keine Beziehung aufbauen muss.

Der alte Weise rät, ein Schiff zu bauen, das zu Wasser und zu Lande fährt. Stellt man sich ein solches Schiff vor, dann ist es eines, das unheimlich schnell überall durchfahren kann, eine Art Amphibienfahrzeug, nur schneller. Ein Schiff, das über Land und Wasser fast fliegen kann und damit eine Dynamik verkörpert, die Grenzen sprengen und mit »Wasser und Land« umgehen kann. Wasser und Land sind für uns ja immer noch die Chiffren für Unbewusstes und Bewusstsein. Ein solches Schiff bauen hieße dann, sich eine Einstellung zu schaffen, die scheinbar mühelos Aspekte des Bewussten und des Unbewussten einbezieht – das ist Voraussetzung, um zu diesem faszinierenden Bild zu kommen.

Aus der Mythologie kennen wir die »Schiffskarren«, die das Gefährt des Dionysos sind. Dionysos kommt aus der Tiefe des Meeres – also fast wie diese Prinzessin –, seine Schiffe werden dann zu Schiffskarren und mit ihnen fährt er über Land zum Gebirge hin. Sein Weg regt an, aus der Tiefe zu holen, was aus der Tiefe zu holen ist, und das Geholte dann ins Land hineinzutragen, zu den Menschen zu tragen, um diese zu wandeln. Diese Schiffskarren des Dionysos sind mit Reben und mit Böcken verziert und weisen auf Trunkenheit, Sexualität, unzerstörbares Leben hin.

An diese Schiffskarren erinnert das Schiff, das zu Wasser und zu Land fährt: Die Prinzen müssen nun lernen, über ihre bis jetzt zu engen Grenzen hinauszugehen, die bis anhin vom Vater und durch ihren Vaterkomplex definiert waren. Diese Grenzen werden gesprengt, wenn sie sich emotional erfassen lassen und diese Emotion auch in die Realität hineintragen, sodass auch etwas realisiert wird: Es geht darum, dynamisch zu sein, innovativ zu sein, an das Unmögliche zu glauben, auch wenn das alles sehr problematisch ist. Denn, vom positiven Vaterkomplex geprägt, lieben Männer das, was schon immer gegolten hat, die Kontinuität, das Vertraute. Es dauert denn auch, bis dieses Schiff gebaut ist. Ein Jahr wurde daran gearbeitet – und Märchenjahre können lang sein. Das würde psychisch heißen: Ein Jahr brauchte man, um zu dieser Einstellung zu kommen; alle Jahreszeiten müssen erlebt werden; ein großer Einsatz ist gefordert, aber dann ist die neue Haltung gewonnen. Faszination, wenn wir uns von ihr wirklich ergreifen lassen, löst eine vitale Dynamik aus in unserer Psyche, die uns den Eindruck vermittelt, wir könnten dann mobil werden und grenzenüberschreitender und grenzensprengender leben.

Nicht nur ein Schiff soll gebaut werden, auch eine Drehorgel mit Raum für einen Mann, gezogen von einem Lamm, wird konstruiert. Ohne List ist diese Prinzessin nicht zu erringen. Die List, dem Modellfall des Trojanischen Pferdes nachempfunden, ist in den Märchen wohlbekannt und wird immer dann eingesetzt, wenn zu wachsame Augen eines Vater-Königs umgangen werden müssen. Bekannt ist etwa der wunderschöne Hirsch, der als »Spiegelwerk« in das Zimmer einer Prinzessin gestellt wird – zur Unterhaltung. In ihm verborgen sitzt dann ein Prinz, der die Prinzessin durchaus zu erfreuen vermag.

In unserem Märchen geht es nicht ganz so einfach, aber das Prinzip der List ist das gleiche: Die Prinzen geben vor, etwas sehr Ästhetisches zeigen zu können, etwas sehr Schönes – absichtslos scheinbar, nur zum Vergnügen. Die Absichten sind verdeckt. Die Prinzen mit der Drehorgel zeigen sich von ihrer kultiviertesten Seite, der Ästhetik und der Musik verpflichtet, der Kultur des Gefühlsausdrucks. Sie zeigen, dass sie Töne haben, mit denen sie das Herz der Menschen erreichen; und das alles ist verbunden mit dem Prinzip Schönheit. Das Lamm vor der Drehorgel sollte wohl noch unterstreichen, dass es sich um eine lammfromme Unternehmung der beiden handelt; herzig und nett, nichts von einer Entführung ist zu erkennen.

Es gibt eine Haltung, die gerade vaterkomplexige Männer

durchaus kultivieren können, wenn sie einmal vom Bild, das sie sich von einer Frau machen, fasziniert sind: Sie zeigen sich geistreich, ästhetisch, künstlerisch, einfallsreich – was sie alles auch sein können. Falls noch andere Absichten da sind, dann sind diese nicht zu bemerken, sind aber dennoch zentraler Inhalt der ganzen Bemühungen.

Alle die Gegenstände, die man im Märchen herstellt, sind auch Ausdruck von Welten, die man in eine Beziehung einbringen kann. Insofern haben diese beiden Prinzen im Grunde genommen ein doch sehr gewinnendes, einnehmendes Wesen.

Nach einem Jahr setzt der Bruder die Segel, der König nimmt das Ruder. Die beiden Brüder bleiben eine Einheit. Das Märchen erinnert damit auch an die sogenannten Brüdermärchen, an eine Zweibrüdergeschichte.[12] In diesen Märchen treten Brüder oder Freunde auf, die einander schwören, zusammenzuhalten, die einander garantieren, dass das Leben gelingen soll. Würde einer ausfallen, dann würde der andere für ihn einspringen. Das war ursprünglich der Sinn der Blutsbrüderschaft. In unserem Märchen scheint dieses Thema eine gewisse Rolle zu spielen. Als Schattenbrüder kann man sie in der Wahl der Frau bezeichnen: Sie haben dasselbe Problem und lösen miteinander dieses Problem. Männer mit einem dominierenden, eher verwöhnend wirkenden Vaterkomplex sind auch eher solidarisch, rivalisieren weniger, solange dieser Vaterkomplex ihr Leben bestimmt.

Die Faszination holte den alten Weisen auf den Plan, die alte Weisheit in der eigenen Seele. Ein zwingender Einfall mit strategischen Überlegungen ist die Folge davon. Der Einfall wird verwirklicht; dadurch wird ungewohntes Verhalten Realität, und zugleich kann nun eine konkrete Annäherung an die Frau erfolgen. Es ist jetzt nicht mehr einfach nur das Bild, das fasziniert und träumen lässt, sondern jetzt wird Beziehung gesucht.

Von der Frau wissen wir, dass sie verbannt ist auf den Grund des Sees, auf den Boden des Sees. Der Vater hat die absolute Kontrolle über den Zugang zur Tochter. Er hat sie auf dem Grund des Sees versteckt. Wenn sie da unten so ganz allein ist, dann muss sie sich selber auf den Grund kommen, dann muss sie auf ihren eigenen Grund kommen. Sie könnte allerdings da unten auch zugrunde gehen, das geschieht aber nicht; sie findet dabei wohl eher einen tragenden Grund und wird später in sich selber gegründet sein.

Man erliegt immer wieder der Versuchung, die Symbole in »weiblich« und »männlich« aufzuteilen; dieser Versuchung sollte man eigentlich nicht nachgeben, da dies eine Perpetuierung der Spaltung in männlich-weiblich bewirkt. Es wäre viel sinnvoller, männlich und weiblich in ihrem Zusammenwirken zu sehen. Ich kann der Versuchung dennoch nicht widerstehen, mit dem Grund des Sees das Becken des Sees zu assoziieren und die Verbindung zum menschlichen Becken herzustellen, also zu etwas Mütterlich-Bergendem.

Die Königstochter ist einsam, sich selbst überlassen, und vielleicht doch in einem viel weiteren Sinn geborgen, als sie es in der Geborgenheit einer Familie wäre: Sie ist geborgen in der Natur. Sie hat gelernt, Harfe zu spielen. Ist man also ausgeschlossen vom androzentrischen Leben im Märchen wie diese Prinzessin, so kann man entweder untergehen oder zu sich selber kommen; es gibt nichts dazwischen. Ihr Harfenspiel, also das, was sie auf dem Grund des Sees gelernt hat, zieht sich in der Folge durch das ganze Märchen hindurch als das, was Veränderung auch bei anderen bewirkt. Harfentöne perlen wie Wassertropfen. Sie kann damit sehr deutlich ihre Gefühle vermitteln; in ihren Liedern kann sie differenziert durch die Musik das Gefühl und durch die Texte die Beziehungsthemen, die anstehen, zum Ausdruck bringen. Auf dem Grunde des Sees hat sie gelernt, sich selbst wahrzunehmen, sich selber auszudrücken. Sie ist nicht einfach in eine Depression gefallen.

An ihrem Geburtstag wendet sich ihr Schicksal. Der Geburtstag ist der Tag, an dem wir eingetreten sind in die Welt. Durch das Feiern des Geburtstages bestätigen wir die Bedeutung dieses »Schrittes ins Leben«, zu dem wir ja nicht befragt wurden. Es ist, als wenn wir nachträglich uns damit einverstanden erklären würden. Aber auch die Mitmenschen bestätigen uns am Geburtstag unsere Existenz und die Existenzberechtigung. Indem die Mitmenschen uns gratulieren, versichern sie uns, dass es gut ist, dass wir geboren worden sind. Geburtstage sind aber auch ganz persönliche Lebensübergänge, oder anders ausgedrückt: Lebensübergänge machen wir an den Geburtstagen fest.

Ein Lebensübergang auch in dem Märchen: Zwischen Vater und Tochter bahnt sich eine Trennungssituation an. Sie sagt wütend: »Wenn du mir doch nicht das Gefährt schenken kannst, dann hättest du es mir auch gar nicht zeigen müssen.« Sie will keine Versprechungen, sie will etwas Konkretes. Und er sagt kein Wort, sondern dreht den Karren um und geht wieder weg. Es herrscht eine etwas gereizte Heftigkeit in der Beziehung zwischen Vater und Tochter und die Tochter erweist sich auch als recht eigenwillig und selbstbewusst, obwohl sie auf den Grund des Sees verbannt war – vielleicht wurde sie auch deshalb verbannt.

Der Sinn der ganzen Unternehmung mit der Drehorgel war, dass der Weg zu dieser Frau entdeckt wurde – der Vater verrät ja sehr oft den Weg zur Tochter. Wie der Vater zur Tochter findet, findet oft auch der junge Mann zur Tochter – und hier ist die Zeit reif dafür.

Der junge König geht den Weg, den zuvor der Alte ging, und findet zur Königstochter. Er ist wiederum gebannt von ihrer Schönheit, wie damals im Schlafzimmer des Vaters. Schönheit meint auch ein gewisses Überirdischsein, aber auch Vollkommenheit, ein Versprechen auf gelingendes Leben, das sich in ihr ausdrückt. Die Königstochter reagiert sehr differenziert auf den jungen König. Er verspricht Freiheit. Sie erschrickt zuerst. Dann sieht sie, dass er schön ist von Angesicht. Das ist wahrscheinlich der Ausdruck einer ersten Verliebtheit. Erst dann macht sie sich klar, dass er sie aus dem Gefängnis befreien will. Sie wird nicht geraubt, die beiden haben sich da unten »erkannt«. Beide finden sich wunderschön, Gefallen aneinander und Verliebtheit blitzen auf, deshalb gibt es zunächst auch eine problemlose Heimfahrt.

Aber das Ende der Problematik kann das nicht sein: Was durch List, wenn auch intelligent, einem Stärkeren abgetrotzt worden ist, muss durch die Beziehungsarbeit ins eigene Leben schrittweise eingebunden werden.

Die Frau ist gewonnen. Wenn diese Prinzessin ein Symbol dafür ist, dass die Frauen aus dem System verbannt waren – jetzt sind sie aus der Verbannung zurückgeholt. Dazu passt, dass wir gerade jetzt damit konfrontiert werden, dass es in diesem System auch noch einen anderen Frauentyp gibt, einen sozusagen alltäglichen Frauentyp: das reiche Mädchen aus der Nachbarschaft, das ausgesprochen neidisch ist. Neidisch auf die Macht der anderen, neidisch auf die Schönheit der anderen. Sie ist missgünstig.

Wir sind immer dann neidisch, wenn wir gerne anders wären, als wir sind, wenn wir mit unserer Identität nicht einverstanden sind, wenn wir meinen, keine eigene Identität zu haben, auf die wir stolz sein können. Äußere Macht und Selbstsucht sollen dann die innere Leere, die mit dieser fehlenden Selbstakzeptanz und Selbsthilfe verbunden ist, zudecken. Es ist anzunehmen, dass auch sie eine Frau ist, die stark unter der Dominanz dieses herrschenden Männlichen stand und steht, sie dürfte daher eine Frau sein, die eine abgeleitete Identität hat.[13] Das heißt hier, dass sie sich dann als Frau fühlt, wenn die Männer ihr bestätigen, dass sie eine attraktive Frau ist. Ihre Identität verdankt sie der Zuwendung der Männer. Deshalb ist sie auch gefährdet, wenn jetzt eine Frau auftritt, die schöner ist – sie verliert dadurch ihre Selbstsicherheit, muss neiden, wird destruktiv und selbstdestruktiv.

Dass Frauen eine abgeleitete Identität haben, gilt in einem androzentrischen System als normal und wünschenswert. Da der Mann allein »wertvoll« ist, wird der Frau vermittelt, dass sie als Frau dann »normal« und attraktiv ist, eine richtige Frau, wenn sie die Frau eines Mannes ist. So kommt auch sie zu einem relativen Wert. Sie kann aber Frau eines Mannes sein, ohne ihre eigene Identität, die unter anderem auch aus der Auseinandersetzung mit dem von der Mutter und vom Mutterkomplex Geprägten hervorgeht, je gefunden zu haben. Sie ist dann immer auf die Anerkennung der Männer angewiesen – eine große Abhängigkeit. Vor allem aber muss sie dann rivalisieren, weil jede andere Frau ihr nicht nur den Mann, sondern auch die Daseinsberechtigung wegnehmen kann. Wenn der Mann oder der Vater einer Frau ständig bestätigen muss, dass sie eine Identität hat, dann ist es natürlich außerordentlich wichtig, dass sie die Erste, die Beste, die Schönste ist; denn ist sie nicht die Erste, so bekommt sie unter Umständen diese Bestätigung nicht mehr. Frauen rivalisieren nicht einfach: Frauen mit einer solchen abgeleiteten Identität rivalisieren viel deutlicher – und auch verzweiflungsvoller – als Frauen mit einer originären Identität, die viel schwesterliche Solidarität aufbringen.

Das reiche Mädchen im Märchen ist voll Neid und rivalisiert auf destruktive Weise.[14] Das Problem mit dem Vaterkomplex ist nicht ausgestanden, weder für die Frauen noch für die Männer. Das wird auch deutlich, als der Sultan auftritt, der Sultan, der dasselbe Bild bei sich hatte und verehrte. Verschiedene Menschen können dieselben faszinierenden Bilder der geheimnisvollen Fremden haben. Das hängt damit zusammen, dass diese Bilder keine einzelne Frau in ihrer Individualität meinen, sondern zunächst einen Typ. In diesem Märchen kann der Sultan auch nochmals den Vater verkörpern und damit neu die Frage stellen, welche Generation diese Frau bekommen und »haben« darf, die Vater- oder die Sohngeneration.

Um »haben« geht es denn vorerst auch noch: Der Sultan benimmt sich eigentlich wie der Vater; er will die geraubte Königstochter zurückhaben. Man hätte doch erwartet, dass der persönliche Vater dieser Prinzessin wütend wird, wenn ihm die bestens gehütete Tochter entführt wird. Von ihm hört man jedoch überhaupt nichts, stattdessen wird der Sultan eingeführt, der äußerst dominierend auffährt. Die Brüder fallen bei ihrer Lustfahrt dann auch gleich in die Hand des Tyrannen: Der tyrannische Vater- und Herrscherkomplex beginnt sie wieder zu dominieren. Das heißt natürlich, dass die Brüder selber auch plötzlich wieder tyrannisch werden, dass Macht wieder sehr wichtig ist im Unterschied zur Gefühlskultur – nichts mehr mit Drehorgel und so. Das bedeutet aber nicht nur, dass ihnen das Außen so wichtig ist, sondern sie geraten auch intrapsychisch unter die Macht dieses tyrannischen Komplexes. Der muss nun im wahrsten Sinn des Wortes abgearbeitet werden.

Ein Beispiel dazu: Männer, die sehr deutlich mit einer positiven Vaterbindung ausgestattet sind, die sehr gern das erfüllen, was die Väter von ihnen erwarten, damit sie auch weiterhin akzeptiert werden, bleiben gute Söhne. Sie können aber auch sehr gepackt werden von der Faszination der Liebe und der Lust, das ist das, was in ihrem Vatersystem meistens fehlt. Sie können dann überaus romantisch sein, können das auch ungeheuer genießen, weil sie das noch gar nie hatten. Sie fangen an, Gedichte zu schreiben an ihren Büroschreibtischen usw. Plötzlich aber befällt sie eine furchtbare Angst, sie könnten Müßiggänger werden. Sie werfen sich unvermittelt vor, zu viele Lustfahrten gemacht zu haben. So viel Lust kann nur ins Verderben führen. Dann ist alle Romantik weg, die Gedichte schreiben sie dann einmal, wenn sie pensioniert sind, oder noch später. Dann wird wieder geschuftet, dann sind sie wieder angepasst, dann geraten sie unters Joch. Sogar die Beziehung, die zuvor so viel Aufbruch versprochen hatte, wird plötzlich zu einem Joch, zu einer harten Arbeit. Die Beziehung wird dann außerordentlich schwierig, der Mann ist ganz verändert.

Eine Möglichkeit, damit zu leben, wird, nun von der Frau gesehen, im Märchen von dem reichen Mädchen gelebt: Sie wartet einfach zu Hause, bis alle endlich wieder einmal auftauchen, und projiziert alle ihre Lustgefühle und Lustwünsche auf das Harfenmädchen. Den Entwicklungsweg aus dieser Situation heraus aber zeigt das Märchen im Weg des Harfenmädchens. Sie geht mit, sie grenzt sich nicht ab und sagt etwa: »Also, wenn ihr da so schuftet, dann könnt ihr mich mal, dann kümmere ich mich um neue Kleider.« Sondern sie geht mit und drückt immer wieder die Gefühle der Trauer aus, die damit verbunden sind, dass sie gefühlsmäßig nicht mehr im Kontakt mit dem Mann ist.

Warum trägt sie Pilgerkleider? Pilgerkleider symbolisieren Verschiedenes: Einem Pilger geht es um das Seelenheil. Das heißt, dass diese Auseinandersetzung mit dem Sultan, mit dem Repräsentanten des Machtkomplexes, auch einen Einfluss auf das Seelenheil der Frau hat. Dann bestätigt man mit einer Pilgerreise immer auch eine bestimmte Weltordnung. Das heißt, es wird nun der Versuch gemacht, dieses Ganze in eine Ordnung zu bringen. Als Pilger ist sie darüber hinaus kein Mann, aber auch keine Frau – sie ist nicht auf das Geschlecht bezogen, sondern auf etwas Übergreifendes: auf einen Heilungsprozess oder vielleicht sogar auf etwas Heiliges.

Dieser übergreifende Aspekt, der sozusagen das Thema des zweiten Märchenteils ist, entfaltet sich in vielen kleinen Schritten. Zum Ausdruck kommt zunächst ihre Angst, ihre Trauer. Als sie diese singend ausdrückt, meint der Sultan, sie sei ein Engel, und dieser harte Typ fängt an zu weinen; die Tränen tropfen ihm in den Bart. Auch im Sultan werden Gefühle wach und sie wird zu seinem liebsten Gefährten. Wenn der Sultan die ganze Zeit meinte, einen Mann vor sich zu haben, so ist das gar nicht so falsch. Denn solchen Männern, die vom Vaterkomplex geprägt sind, muss man, auch als Frau, beweisen, dass man ein guter Kumpel ist, sonst findet man den Zugang nicht zu ihnen. Wenn man ein guter Kumpel ist, dann kann man irgendwann auch eine Frau sein. Wichtig ist, dass die Prinzessin den Sultan aufschmilzt, was darauf hinweist, dass in diesem Vaterkomplex sich etwas zu bewegen beginnt. Das zeigt sich daran, dass eine Differenzierung zwischen dem Sultan und den Brüdern stattfindet. Sie sieht also das Herrschaftsgebaren des Sultans und sie sieht die Kehrseite davon, die geschundenen Prinzen. Sie sieht also nicht nur, wie dieser Mann sich so sadistisch dominant benimmt, sondern sieht auch, wie er selber von einer sadistisch dominanten Gewalt geknechtet wird.

Sie möchte aber – trotz des Pilgergewandes – erkannt werden, an die frühere Beziehung anknüpfen. Sie wird nicht gesehen, die Männer lassen sich nicht rühren, lassen sich nicht berühren durch ihr Lied. Sie müssen arbeiten, abarbeiten.

Am Geburtstag des Sultans findet auch für die Brüder ein Übergang statt: Sie sind nicht mehr Sklaven, sie werden Diener – und bald sind sie auch freie Männer. Die Dominanz dieses Macht-Vater-Tyrannen-Komplexes lässt nach, der Sultan kann auf die Reise gehen – er kontrolliert nicht mehr –, die Prinzen gehen nach Hause.

Die Heimkehr, das Einbringen des Gelernten oder Erworbenen in den Alltag ist schwierig. Es ist immer schwierig, neue Erkenntnisse und Haltungen im alltäglichen Leben auch zu realisieren. Zu leicht fallen wir in gewohnte, alte Verhaltensmuster zurück. Hier im Märchen sind diese symbolisiert durch das reiche, neidische Nachbarsmädchen, das als einzige der wichtigen Figuren des Märchens nicht an sich gearbeitet hat. Alte Einstellungen und neue Haltungen stehen in einem Konflikt – und es scheint gesetzmäßig zu sein, dass die alten Haltungen zunächst noch einmal voll dominieren oder dominieren wollen. Ein Triumph der regressiven Kräfte scheint sich anzubahnen, was aber die Reaktion der progressiven Kräfte hervorruft, sodass die alten Einstellungen, die sich noch einmal so richtig entlarven, schließlich endgültig geopfert werden.

Beteuerten die Brüder in der Türkei noch so sehr, sie würden die Treue des Pilgers nie vergessen, so vergessen sie doch rasch. Die neidische Schwägerin verleumdet das Harfenmädchen und der junge König – obwohl er gerade noch versichert hat, seine Frau so sehr zu lieben – will sie zum Tode verurteilen. Betrug ist Betrug – und er glaubt der Schwägerin.

Bei Menschen, die vom Vaterkomplex geprägt sind, spielen Prinzipien eine große Rolle. Alles, was der Pilger im Sultan bewegt hat, diese feineren erotisch emotionalen Schwingungen, die belebt wurden, das ist vergessen. Es ist ein Rückfall in die alte Haut. Noch einmal ist der junge König der Dynamik des totalen Entwertens verfallen – sie ist nicht einmal mehr wert, weiterzuleben. Als Hexe und Landstreicherin soll sie verbrannt werden. Die Frau, die so fasziniert hatte, wird jetzt – nachdem sie sich der Kontrolle des Königs entzogen hat – als Hexe bezeichnet und behandelt.

Aber die Frau lässt diesen Rückfall nicht zu. Pochend auf ihr Recht, eine letzte Bitte vorbringen zu dürfen, lässt sie sich noch einmal die Pilgerkleider geben; sie muss etwas geahnt haben und sie nimmt die Harfe zur Hand. Ihr Verhalten erinnert an Paare, die sich große Mühe miteinander gegeben haben, die dann aber aufgrund eines entscheidenden Rückfalls doch mit der Partnerschaft am Ende zu sein scheinen; und dann kommt die Frau und sagt: »Nun hör aber einmal, was bei uns alles schon geschehen ist, was wir miteinander durchgestanden und bestanden haben. Du bist misstrauisch, wo du größtes Vertrauen haben könntest.« Hier hat die Prinzessin noch einmal angesprochen, wie misstrauisch dieser junge König den Frauen gegenüber ist – die Kehrseite der Idealisierung.

Wie der Pilger es beim Sultan vermocht hatte, sein Herz ein wenig zu schmelzen, so erreicht sie es jetzt auch bei ihrem Mann. Ihm fällt es plötzlich wie Schuppen von den Augen, als ihm klar wird, dass der Pilger, dem er die Freiheit verdankt, und seine Frau, der er das Recht auf Leben absprechen wollte, ein und dieselbe Person sind. In der Folge dieses Erkenntnisschocks gebraucht der König jetzt zum ersten Mal Beziehungsvokabeln. Er spricht davon, dass er sich vergangen hat an ihr, dass er ihr Unrecht getan hat, dass er ihr etwas verdankt. Er kann dazu stehen, dass er auch von ihr abhängig ist, dass er ihr seine innere Freiheit verdankt, sein Losgelöstwerden vom Vaterkomplex. Beide verdanken einander etwas. Die Worte des Verzeihens sind im Märchen auch in Liedform ausgedrückt. Offenbar hat der König jetzt auch gelernt, in Versen zu sprechen. Er hat also einiges von dem, was das Harfenmädchen lebte, integriert. Das bedeutet aber auch: In diesem androzentrischen System ist mit Müh und Not am Schluss aus dem Bild einer faszinierenden Frau eine reale, konkrete, individuelle Frau geworden und es ist so viel an Beziehung entstanden, dass man zugeben kann, dass auch gegenseitige Abhängigkeit zur Liebe gehört.

Kollektiv gesehen, hat nun die Frau eine wichtige Stellung im Herrschaftssystem und die neidische Frau, das Modell der Frau im alten, mehr androzentrischen System, kann eliminiert werden.

Der junge König ist nun – hoffentlich – wirklich auf die Frau bezogen, die ihn auch fasziniert, der er vertrauen kann, die sich auf seine Problematik auch eingelassen hat.

Aneinander wachsen

Der Eisenofen

Mann und Frau erlösen einander

» Zur Zeit, wo das Wünschen noch geholfen hat, ward ein Prinz von einer alten Hexe verwünscht, dass er im Walde in einem großen Eisenofen sitzen sollte. Da brachte er viele Jahre zu und konnte ihn niemand erlösen. Einmal kam eine Königstochter in den Wald, die hatte sich irregegangen und konnte ihres Vaters Reich nicht wiederfinden: Neun Tage war sie so herumgegangen und stand zuletzt vor dem eisernen Kasten. Da kam eine Stimme heraus und fragte sie: »Wo kommst du her und wo willst du hin?« Sie antwortete: »Ich habe meines Vaters Königreich verloren und kann nicht wieder nach Haus kommen.« Da sprach's aus dem Eisenofen: »Ich will dir wieder nach Hause verhelfen, und zwar in einer kurzen Zeit, wenn du willst unterschreiben zu tun, was ich verlange. Ich bin ein größerer Königssohn als du eine Königstochter und will dich heiraten.« Da erschrak sie und dachte: »Lieber Gott, was soll ich mit dem Eisenofen anfangen!« Weil sie aber gern wieder zu ihrem Vater heim wollte, unterschrieb sie sich doch, zu tun, was er verlangte. Er sprach aber: »Du sollst wiederkommen, ein Messer mitbringen und ein Loch in das Eisen schrappen.« Dann gab er ihr jemand zum Gefährten, der ging nebenher und sprach nicht, er brachte sie aber in zwei Stunden nach Haus. Nun war große Freude im Schloss, als die Königstochter wiederkam, und der alte König fiel ihr um den Hals und küsste sie. Sie war aber sehr betrübt und sprach: »Lieber Vater, wie mir's gegangen hat! Ich wär' nicht wieder nach Haus gekommen aus dem großen wilden Walde, wenn ich nicht wäre bei einem eisernen Ofen gekommen, dem habe ich mich müssen dafür unterschreiben, dass ich wollte wieder zu ihm zurückkehren, ihn erlösen und heiraten.« Da erschrak der alte König so sehr, dass er beinahe in eine Ohnmacht gefallen wäre, denn er hatte nur die einzige Tochter. Sie beratschlagten sich also, sie wollten die Müllerstochter, die schön wäre, an ihre Stelle nehmen, führten sie hinaus, gaben ihr ein Messer und sagten, sie solle an dem Eisenofen schaben. Sie schrappte auch vierundzwanzig Stunden, konnte aber nicht das Geringste herabbringen. Wie nun der Tag anbrach, rief's in dem Eisenofen: »Mich deucht, es ist Tag draußen.« Da antwortete sie: »Das deucht mich auch, ich meine, ich hört meines Vaters Mühle rappeln.« »So bist du ja eine Müllerstochter, dann geh gleich hinaus und lass die Königstochter herkommen.« Da ging sie hin und sagte dem alten König, der draußen wollte sie nicht, er wollte seine Tochter. Da erschrak der alte König und die Tochter weinte. Sie hatten aber noch eine schöne Schweinshirtentochter, die war noch schöner als die Müllerstochter, der wollten sie ein Stück Geld geben, damit sie für die Königstochter zum eisernen Ofen ginge. Also ward sie hinausgebracht und musste auch vierundzwanzig Stunden schrappen; sie brachte aber nichts davon. Wie nun der Tag anbrach, rief's im Ofen: »Mich deucht, es ist Tag draußen!« Da antwortete sie: »Das deucht mich auch, ich meinte, ich hörte meines Vaters Hörnchen tüten.« »So bist du eine Schweinshirtentochter, geh gleich fort und lass die Königstochter kommen und sag ihr, es sollt ihr widerfahren, was ich ihr versprochen hätte, und wenn sie nicht käme, sollte im ganzen Reich alles zerfallen und einstürzen und kein Stein auf dem andern bleiben.« Als die Königstochter das hörte, fing sie an zu weinen. Es war aber nun nicht anders, sie musste ihr Versprechen halten. Da nahm sie Abschied von ihrem Vater, steckte ein Messer ein und ging zu dem Eisenofen in den Wald hinaus. Wie sie nun angekommen war, hub sie an zu schrappen und das Eisen gab nach, und wie zwei Stunden vorbei waren, hatte sie schon ein kleines Loch geschabt. Da guckte sie hinein und sah einen so schönen Jüngling, ach, der glimmerte in Gold und Edelsteinen, dass er ihr recht in der Seele gefiel. Nun, da schrappte sie noch weiter fort und machte das Loch so groß, dass er heraus konnte. Da sprach er: »Du bist mein und ich bin dein, du bist meine Braut und hast mich erlöst.« Er wollte sie mit sich in sein Reich führen, aber sie bat sich aus, dass sie noch einmal dürfte zu ihrem Vater gehen, und der Königssohn erlaubte es ihr, doch sollte sie nicht mehr mit ihrem Vater sprechen als drei Worte und dann sollte sie wiederkommen. Also ging sie heim, sprach aber mehr als drei Worte: Da verschwand alsbald der Eisenofen und ward weit weg gerückt über gläserne Berge und schneidende Schwerter; doch der Königssohn war erlöst und nicht mehr darin eingeschlossen. Danach nahm sie Abschied von ihrem Vater und nahm etwas Geld mit, aber nicht viel, ging wieder in den großen Wald und suchte den Eisenofen, allein der war nicht wiederzufinden. Neun Tage suchte sie, da ward ihr Hunger so groß, dass sie sich nicht zu helfen wusste, denn sie hatte nichts mehr zu leben. Und als es Abend ward, setzte sie sich auf einen kleinen Baum und gedachte, darauf die Nacht hinzubringen, weil sie sich vor den wilden Tieren fürchtete. Als nun Mitternacht herankam, sah sie von fern ein kleines Lichtchen und dachte: »Ach, da wär' ich wohl erlöst«, stieg vom Baum und ging dem Lichtchen nach, auf dem Weg aber betete sie. Da kam sie zu einem kleinen alten Häuschen und war viel Gras darum gewachsen und stand ein kleines Häufchen Holz davor. Dachte sie: »Ach, wo kommst du hier hin!«, guckte durch's Fenster hinein, so sah sie nichts darin als dicke und kleine Itschen (Kröten), aber einen Tisch, schön gedeckt mit Wein und Braten, und Teller und Becher waren von Silber. Da nahm sie sich das Herz und klopfte an. Alsbald rief die Dicke:

»Jungfer grün und klein,
Hutzelbein,
Hutzelbeins Hündchen,
hutzel hin und her,
lass geschwind sehen, wer draußen wär.«

Da kam eine kleine Itsche herbeigegangen und machte ihr auf. Wie sie eintrat, hießen alle sie willkommen und sie musste sich setzen. Sie fragten: »Wo kommt Ihr her? Wo wollt Ihr hin?« Da erzählte sie alles, wie es ihr gegangen wäre, und weil sie das Gebot übertreten hätte, nicht mehr als drei Worte zu sprechen, wäre der Ofen weg samt dem Königssohn. Nun wollte sie so lange suchen und über Berg und Tal wandern, bis sie ihn fände. Da sprach die alte Dicke:

»Jungfer grün und klein,
Hutzelbein,
Hutzelbeins Hündchen,
hutzel hin und her,
bring mir die große Schachtel her!«

Da ging die Kleine hin und brachte die Schachtel herbeigetragen. Hernach gaben sie ihr Essen und Trinken und brachten sie zu einem schönen gemachten Bett, das war wie Seide und Sammet, da legte sie sich hinein und schlief in Gottes Namen. Als der Tag kam, stieg sie auf und gab ihr die alte Itsche drei Nadeln aus der großen Schachtel, die sollte sie mitnehmen; sie würden ihr nötig tun, denn sie müsste über einen hohen gläsernen Berg und über drei schneidende Schwerter und über ein großes Wasser: Wenn sie das durchsetzte, würde sie ihren Liebsten wiederkriegen. Nun gab sie hiermit drei Teile, die sollte sie recht in Acht nehmen, nämlich drei große Nadeln, ein Pflugrad und drei Nüsse. Hiermit reiste sie ab, und wie sie vor den gläsernen Berg kam, der so glatt war, steckte sie die drei Nadeln als hinter die Füße und dann wieder vorwärts und gelangte so hinüber, und als sie hinüber war, steckte sie sie an einen Ort, den sie wohl in Acht nahm. Danach kam sie vor die drei schneidenden Schwerter, da stellte sie sich auf ihr Pflugrad und rollte hinüber. Endlich kam sie vor ein großes Wasser, und wie sie übergefahren war, in ein großes schönes Schloss. Sie ging hinein und hielt um einen Dienst an, sie wär' eine arme Magd und wollte sich gerne vermieten; sie wusste aber, dass der Königssohn drinnen war, den sie erlöst hatte aus dem eisernen Ofen im großen Wald. Also ward sie angenommen zum Küchenmädchen für geringen Lohn. Nun hatte der Königssohn schon wieder eine andere an der Seite, die wollte er heiraten, denn er dachte, sie wäre längst gestorben. Abends, wie sie aufgewaschen hatte und fertig war, fühlte sie in die Tasche und fand die drei Nüsse, welche ihr die alte Itsche gegeben hatte, biss eine auf und wollte den Kern essen, siehe, da war ein stolzes königliches Kleid drin. Wie's nun die Braut hörte, kam sie und hielt um das Kleid an und wollte es kaufen und sagte, es wäre kein Kleid für eine Dienstmagd. Da sprach sie, nein, sie wollt's nicht verkaufen, doch wenn sie ihr einerlei, ein Ding, wollte erlauben, so sollte sie's haben, nämlich eine Nacht in der Kammer ihres Bräutigams zu schlafen. Die Braut erlaubte es ihr, weil das Kleid so schön war und sie noch keins so hatte. Wie's nun Abend war, sagte sie zu ihrem Bräutigam: »Das närrische Mädchen will in deiner

Kammer schlafen.« »Wenn du's zufrieden bist, bin ich's auch«, sprach er. Sie gab aber dem Mann ein Glas Wein, in das sie einen Schlaftrunk getan hatte. Also gingen beide in die Kammer schlafen und er schlief so fest, dass sie ihn nicht erwecken konnte. Sie weinte die ganze Nacht und rief: »Ich habe dich erlöst aus dem wilden Wald und aus einem eisernen Ofen, ich habe dich gesucht und bin gegangen über einen gläsernen Berg, über drei schneidende Schwerter und über ein großes Wasser, ehe ich dich gefunden habe, und du willst mich doch nicht hören.« Die Bedienten saßen vor der Stubentüre und hörten, wie sie so die ganze Nacht weinte, und sagten's am Morgen ihrem Herrn. Und wie sie am andern Abend aufgewaschen hatte, biss sie die zweite Nuss auf, da war noch ein weit schöneres Kleid drin. Wie das die Braut sah, wollte sie es auch kaufen. Aber Geld wollte das Mädchen nicht und bat sich aus, dass es noch einmal in der Kammer des Bräutigams schlafen dürfte. Die Braut gab ihm aber einen Schlaftrunk und er schlief so fest, dass er nichts hören konnte. Das Küchenmädchen weinte aber die ganze Nacht und rief: »Ich habe dich erlöst aus einem wilden Walde und aus einem eisernen Ofen, ich habe dich gesucht und bin gegangen über einen gläsernen Berg, über drei schneidende Schwerter und über ein großes Wasser, ehe ich dich gefunden habe, und du willst mich doch nicht hören.« Die Bedienten saßen vor der Stubentüre und hörten, wie sie so die ganze Nacht weinte, und sagten's am Morgen ihrem Herrn. Und als sie am dritten Abend aufgewaschen hatte, biss sie die dritte Nuss auf, da war ein noch schöneres Kleid drin, das starrte von purem Gold. Wie die Braut das sah, wollte sie es haben, das Mädchen aber gab es nur hin, wenn sie zum dritten Mal dürfte in der Kammer des Bräutigams schlafen. Der Königssohn aber hütete sich und ließ den Schlaftrunk vorbeilaufen. Wie sie nun anfing zu weinen und zu rufen: »Liebster Schatz, ich habe dich erlöst aus dem grausamen, wilden Walde und aus einem eisernen Ofen«, so sprang der Königssohn auf und sprach: »Du bist die Rechte, du bist mein und ich bin dein.« Darauf setzte er sich noch in der Nacht mit ihr in einen Wagen und der falschen Braut nahmen sie die Kleider weg, dass sie nicht aufstehen konnte. Als sie zu dem großen Wasser kamen, da schifften sie hinüber, und vor den drei schneidenden Schwertern, da setzten sie sich aufs Pflugrad, und vor dem gläsernen Berg, da steckten sie die drei Nadeln hinein. So gelangten sie endlich zu dem alten kleinen Häuschen, aber wie sie hineintraten, war's ein großes Schloss: Die Itschen waren alle erlöst und lauter Königskinder und waren in voller Freude. Da ward Vermählung gehalten und sie blieben in dem Schloss, das war viel größer als ihres Vaters Schloss. Weil aber der Alte jammerte, dass er allein bleiben sollte, so fuhren sie weg und holten ihn zu sich und hatten zwei Königreiche und lebten in gutem Ehestand.[15] «

Bei diesem Märchen, das ebenfalls von den Brüdern Grimm aufgezeichnet worden ist, erlösen sich eine Frau und ein Mann gegenseitig, heben sich also gegenseitig in eine größere Antonomie hinein. Das Märchen gehört in den Kreis der Märchen vom »Tierbräutigam«, bei denen es immer darum geht, dass ein verzauberter Prinz erlöst wird. Hier haben wir nun allerdings kein Tier, das geheiratet werden muss, wie etwa im folgenden Märchen *Das singende springende Löweneckerchen*, sondern einen Mann im Ofen.
Betrachten wir das Märchen zuerst einmal unter der Fragestellung nach Wegen der Autonomie, dann ist eindrücklich, wie schwer sich diese Tochter von ihrem Vater trennt; es geht also unter anderem um eine Autonomieentwick-

lung aus einer Vaterbindung heraus. Es ist atmosphärisch ein eher sprödes Märchen. Zu Beginn des Märchens ist die langwierige Trennung mit ihren Schwierigkeiten eindrucksvoll beschrieben. Es gibt keine Entwicklung zu mehr Autonomie, ohne dass man sich immer wieder trennt. Dort aber, wo wir uns sehr gebunden fühlen und die Schritte zu mehr Autonomie sich deshalb geradezu aufdrängen, dort trennen wir uns eben nicht leicht. Diesem Prozess des Sich-voneinander-Trennens werden wir uns hier besonders zuwenden, bevor wir auf die Erlösung bzw. die Beziehung zwischen Königssohn und Königstochter eingehen.

Das Märchen beginnt – recht unemotionell – mit einer Vorinformation. Zu einer Zeit, als das Wünschen noch geholfen hat, wurde ein Königssohn in einen Eisenofen hineingewünscht, darin verbrachte er viele Jahre, niemand konnte ihn erlösen. Demnach wäre Ver-Wünschen auch eine Form des Wünschens, ein aggressiv-destruktiver Wunsch. Wem konnte daran liegen, diesen Wunsch auszusprechen?

Dann schwenkt das Märchen auf die Geschichte der Königstochter über, die sich im Wald verirrt hat und ihres Vaters Königreich nicht wiederfinden kann – und stattdessen den Eisenofen findet, der mit großem Draufgängertum eine Unterschrift fordert, ihr gleich erklärt, dass er »größer« sei als sie, und sie heiraten will. Schon hier ahnen wir: In diesem »aktiven« Ofen steckt ein Mensch, er ist mehr als ein Ofen.

Fühlt man sich in die Eingangsszene dieses Märchens ein, so fühlt man sich – gemeinsam mit der Königstochter – leicht etwas überrumpelt von diesem Eisenofen, der Methoden anwendet, die sonst eigentlich des Teufels sind: der sofort eine Unterschrift fordert, die Notlage der Königstochter ausnützt und später droht, die Welt zusammenstürzen zu lassen. Er zeigt sich als Mann von Macht – wie denn auch

Machtstrukturen in diesem Märchen eine große Rolle spielen. Mit der Königstochter kann man sagen: »Mein Gott, was soll ich mit diesem Eisenofen anfangen!«

Versetzt man sich aber auch in seine Situation, dann wird seine Forschheit verständlicher: In der Fantasie der Märchendeuter ist dieser Eisenofen, der ja nicht näher beschrieben ist, sehr bald zu einem feurigen Eisenofen geworden, und schon bald wurde die Hölle dazu assoziiert, dazu passt dann auch der Teufel.[16] So abwegig ist das nicht, denn wenn wir uns vorstellen, dass wir in einem solchen Eisenofen säßen, abgeschlossen von der Umwelt, festgebannt, ohne Möglichkeit, unser Schicksal zu beeinflussen, ohne jede Freiheit – dann wäre das schon ein recht verzweiflungsvoller Zustand, schon ein wenig eine Hölle ... Vergleichbar wäre er mit jenen Situationen im Leben, in denen man innerlich alle Schattierungen von Emotionen hat, vielleicht wirklich sogar ein inneres Feuer in einem brennt, in denen man aber gegen außen nur eine harte Schale zeigt, die auf die Mitmenschen abstoßend wirkt, eine kalte Schulter bietet, die die andern als Zurückweisung empfinden, als Aggression.

Der Eisenmantel legt es uns nahe, an das Eisen, das Metall des Mars zu denken, des kämpferischen, angriffslustigen Gottes. Das Angreiferische besteht hier paradoxerweise zunächst allerdings in einer Nicht-Reaktion. Es wirkt ja bekanntlich sehr aggressiv, wenn jemand in einer gewissen Situation eine Reaktion unterlässt. Da kann man dann lange davon reden, dass unter der harten Schale ein weicher Kern steckt, die Umwelt reagiert zunächst einmal auf die Schale, und die ist hier aus Eisen. Das Märchen sagt denn auch, dass der Königssohn verhext sei; entweder dahingehend verhext, dass er nach außen hin nur den Eisenmantel zeigen kann, das Harte, Abstoßende, oder aber auch insofern verhext, als er sich nicht ins Leben verwickeln kann, ausgesperrt ist vom pulsierenden Leben – eingesperrt. Fast beginnt man, die Tierbräutigame vergleichbarer Märchen um ihre Felle zu beneiden, die sie anstelle einer menschlichen Haut haben, wie etwa den Löwen in *Das singende springende Löweneckerchen*, der auch von Dienern umgeben ist, nachts ein schöner Prinz ist usw. Hier ist nichts Vergleichbares gesagt: Da ist jemand, ganz isoliert, in sich selbst gefangen, in vollem Bewusstsein dessen, dass er erlöst werden müsste, aber auch im vollen Bewusstsein seines Wertes. Hätte er Zweifel an seinem Wert, dann wäre er wohl schon lange umgekommen.

Natürlich kann man sich fragen, ob der Königssohn vielleicht deshalb in einem Eisenofen sein muss, damit die Königstochter länger beim Vater bleiben kann, damit sie sich nicht von ihrem Vater ablösen muss. Wenn der Vater so attraktiv ist, dann scheinen andere Männer unzugänglich zu sein, dann stört deren harte Schale. Das Märchen spricht klar von einer Hexe, die ihn verwunschen hat: Was aber ist das Verhexte an dieser Situation? Dass der Mann so einen Panzer um sich gelegt hat? Oder dass die Frau nicht von ihrem Vater weg will? Dass ihre eigenen männlichen Seiten von ihr nicht gelebt werden dürfen?

Eine erste Trennung der Königstochter vom Vater hat bereits stattgefunden: Sie hat sich im Wald verirrt; nicht durch einen bewussten Entschluss hat sie sich von ihrem Vater getrennt, sondern eigentlich durch einen Zufall. Diese Trennung bringt ihr aber kein neues Ziel: Sie irrt im Wald umher, weil eben kein Entschluss dahintersteht, sie verirrt sich. Sie selbst ist noch ohne Weg und ohne Perspektive – und trifft diesen geheimnisvollen Ofen, diesen so originell verpackten Mann. Wenn sie sich vom Vater wegbegibt, gerät sie in einen Wald, an einen Ort, wo es dunkel, unübersichtlich ist, wo aber das Leben wächst, wo Tiere sich aufhalten; sie gerät an einen Ort des natürlichen Wachstums, wo es aber wenig Wege gibt, wo es mit der intellektuellen Übersicht bald aus ist. Hier hilft nur die Intuition, die man natürlich entwickelt haben müsste. Sobald diese Königstochter den Vater verlässt, verirrt sie sich, weiß sie nicht mehr, wo der Weg hingeht.

Beim Vater zu bleiben, kann ganz real heißen, dass dieses junge Mädchen sich vom Vater noch nicht gelöst hat, dass der Vater noch Entscheidungen für sie fällt, was sich dann ja auch herausstellt, als sie nach Hause kommt. Miteinander beratschlagen sie, ob sie nicht lieber die Müllers- oder die Schweinehirtentochter zum Ofen hinausschicken sollten. Wenn der Vater aber noch maßgeblich die Entscheidungen fällt, dann übernimmt die Tochter keine Verantwortung für ihr Leben, sie überlässt auch dem Vater die Verantwortung. Sie bleibt ein Kind. Nun kann der Vater natürlich auch als symbolischer Vater zu verstehen sein, Symbol für alles, was vom Vater und von den Vätern geprägt ist: Lebensanschauungen, Verhaltensregeln, geistige Inhalte usw., wie sie uns in der gängigen kollektiven Weltanschauung jeweils gegenübertreten. In der Auswahl der persönlichen Werte und Haltungen ist die Königstochter sicher mitbestimmt von der Haltung des eigenen Vaters. Hier ist in jedem Leben ein Autonomieschritt zu leisten: Solange wir uns an die tradierten Werte und Haltungen anlehnen, sind wir zwar einigermaßen sicher oder meinen es zumindest zu sein, aber wir sind nicht wirklich autonom, denn diese tradierten Werte müssen ja nicht mit den Werten, die für die eigene Persönlichkeit gelten, übereinstimmen. So müssen diese Haltungen auch überprüft werden, und das tut man meistens, indem man zunächst einmal die Situation oder die Umgebung verlässt, in der sie gelten.

Wir können bei der Entwicklung dieses Mädchens zur Autonomie also durchaus beide Perspektiven im Blick behalten: einerseits die ganz reale Ablösung vom Vater und die daran gebundene Möglichkeit einer Beziehung zum Partner, damit verbunden auch zu ihrer Animus-Seite; andererseits die Problematik der Ablösung von den Werten, die vom Väterlichen geprägt sind.

Da das Väterliche oft Sicherheit, aber natürlich auch Einengung bedeutet – Einengung ist immer ein Aspekt dessen, was uns Sicherheit gibt –, besagt der Schritt der Ablösung, dass wir eine Unsicherheit aushalten müssen, hier ausgedrückt in der Orientierungslosigkeit im Wald. Grundsätzlich gehört es zu jedem Schritt in Richtung größerer Autonomie, dass wir eine Bindung, damit eine Sicherheit, aber auch eine Einengung, verlassen und in eine Unsicherheit, in eine Orientierungslosigkeit hineingeraten, die mehr oder weniger mit Angst verbunden ist. Der eine kann sich besser mit Unsicherheit, mit unübersichtlichen, mit undurchsichtigen Situationen abfinden, besonders dann, wenn auch eine Neugier damit verbunden ist, was denn jetzt das Leben eigentlich mit einem vorhabe; der andere kann schlechter damit umgehen. Unter anderem ist das Damit-umgehen-Können auch eine Folge dessen, wie oft man sich schon einer solchen unsicheren Situation gestellt hat, in der man nicht wusste, wie es weitergehen könnte. Ob man also auch schon gelernt hat, dass es irgendwie doch immer wieder weitergeht.

Die Königstochter hat es noch nicht gelernt. Sie verirrt sich sofort und Retter in der Not ist der Eisenofen, der ihr klare Vorschriften macht, die sie auch ohne Weiteres akzeptiert. Hier wird ihr Geprägtsein durch den Vaterkomplex deutlich: Sie akzeptiert Vorschriften frag- und klaglos. Immerhin fragt sie sich, was sie denn mit einem Eisenofen anfangen soll, aber um zu ihrem Vater zurückfinden zu können, ist sie bereit, den Eisenofen zu heiraten. Das ist wahrlich ein Argument für eine Heirat!

Allerdings benutzen hier zunächst beide einander: Der Ofen will eine Frau, damit er erlöst wird, die Königstochter akzeptiert den Mann, damit sie zum Vater zurückgehen kann. In den Märchen ist die Voraussetzung dafür, erlöst werden zu können, dass man von jemandem so akzeptiert wird, wie man ist; dabei muss diese Akzeptanz noch keine freudige sein, es genügt, dass einer da ist, der einen gelten lässt.

Die Königstochter akzeptiert jedes Mittel, um wieder zu ihrem Vater zu kommen, um den alten Zustand wiederherzustellen, um nicht in die Welt hinaus, in unerforschtes Gelände gehen zu müssen und dabei neue Seiten an sich zu entwickeln. Natürlich kann man diese Szene auch mehr symbolisch verstehen: Sie heiratet, um wieder einen Vater zu haben, sie wechselt vom Vater zum väterlichen Mann, der ihr den Vater ersetzt. Das ist eine Konstellation, die wir recht häufig bei Frauen antreffen, die nicht wirklich vom Vater abgelöst sind: Der Ehemann kann einmal ganz real jenen Platz ausfüllen, den der Vater bisher innehatte. Symbolisch: Wer sich nicht von den Ansichten des Vaters und der Väter trennen kann, kann sich vom Ehemann wiederum die Ansichten, Wertungen, Haltungen liefern lassen. Da heißt es dann: »Mein Mann sagt ..., mein Mann denkt ..., mein Mann sieht das so und so ...« Und mehr oder weniger ungeduldig fragt man sich dann, was die Frau selber denn dabei denkt oder fühlt.

Im Märchen hat die Königstochter aber dadurch, dass sie dem Ofen versprochen hat, ihn zu heiraten, ein Versprechen dafür gegeben, dass sie sich von ihrem Vater wegbegeben und mit ihm gehen wird. Aber nicht gleich.

Jede größere Trennung erfolgt nach einem bestimmten Muster: Zunächst trennt man sich, bewusst oder eher zufällig, und dann findet noch einmal eine Wiederannäherung statt. Anstelle der Trennung kommt dann ein meistens noch größerer Zusammenschluss zustande, der aber dazu führt, dass Konflikte, die die erste Trennung bereits bewirkt haben, sich verschärfen; daraufhin kann man sich meistens bewusster und mit mehr Klarheit trennen.

Dieses Märchen schildert die Wiederannäherung sehr schön. Dabei ist die Trennungsproblematik nicht nur auf Seiten der Königstochter, sie ist ebenso auf Seiten des Königs: »Der alte König erschrak so sehr, dass er fast in Ohnmacht gefallen wäre, denn er hatte nur eine einzige Tochter.« Das Märchen schildert realistisch die Trennungssituation zwischen einem liebenden Vater, der vielleicht auch keine Frau hat – jedenfalls ist von ihr nicht die Rede –, und seiner Tochter, zu der offensichtlich eine tiefe Liebesbeziehung besteht. Er möchte sie für sich behalten. Auch von ihm her findet eine Wiederannäherung statt, indem er ihr hilft, einen Ausweg aus dem Konflikt zu finden, und dabei ist den beiden – so scheint es zumindest – jedes Mittel recht.

Trennungen werden nie nur von einem der Partner ausgelöst und durchlitten, sie werden immer von beiden Seiten erlebt. Trennungen der erwachsenen Kinder von ihren Eltern sind Trennungsprobleme für den Adoleszenten und für die Eltern, sie bedeuten einen Anruf in neue Autonomie für beide Teile. Die Trennung wird natürlich von den beiden sich Trennenden anders erlebt, je nachdem, in welcher Lebenssituation sie stehen. So stehen dem Adoleszenten die Welt und das Leben offen; so fantasiert er zumindest, während die Eltern sich auf die Phase des Älterwerdens einrichten und auf die Anregungen, die die jungen Menschen ins Haus gebracht haben, verzichten müssen. Sie gewinnen natürlich auch die Chance, sich neu bei sich selbst und in der Partnerschaft einzurichten, die eine neue Wichtigkeit bekommt. So ist die Trennung für den, der »zurückbleibt«, meistens schwieriger zu durchstehen, erlebt wird sie aber von beiden – beide Teile möchten sie auch meistens vermeiden, weil damit ein Verlust von Sicherheit und Gewohnheit verbunden ist.

Die Königstochter versucht zunächst, sich vor dem Schritt in die Welt hinein zu drücken. Zwar hat sie etwas versprochen, aber sie will dieses Versprechen nicht einhalten, sie übernimmt noch nicht die Verantwortung für ihr Versprechen. Und der Vater hilft dabei. Auch ihm ist wichtiger, dass der alte Zustand bestehen bleibt, als dass ein Versprechen gehalten wird. Dieses Versprechen hier steht in einem Gegensatz zum Verhalten des Königs im Märchen vom Froschkönig[17], wo der König seiner Tochter klar sagt, dass man ein Versprechen auch halten müsse. Aber jener König wollte die Tochter nicht unbedingt für sich behalten. Unser König hier hingegen will sie behalten.

Wir finden in diesem Märchen eine intensive, an ihrem Ursprung sicher positive Vaterbindung dargestellt, die jetzt, weil die notwendigen Entwicklungsschritte nicht mehr gemacht werden können, sich destruktiv auszuwirken beginnt. Die Königstochter drückt sich also vor der Eigenverantwortung, wohl auch fremdbestimmt durch ihren Vater, den sie nicht verletzen möchte. Beider Überlegung tendiert dahin, dass es dem Eisenofen bloß um eine schöne Frau gehe, schön seien die Müllers- und Schweinehirtentochter aber auch! Sie unterstellen dem Eisenofen also, dass er nicht sie selbst als Frau meine, sondern dass »irgendeine« den Zweck auch erfüllen könne. Vergleichbar ist diese Vorstellung mit der vieler vatergebundener Töchter, die von jungen Männern pauschal meinen, es gehe ihnen bloß darum, irgendeine vorzeigbare Frau zu haben, die natürlich jederzeit austauschbar sei. Dem Vater hingegen geht es um sie ganz persönlich – ein Grund mehr für sie, beim Vater zu bleiben!

Der Mann im Eisenofen besteht aber darauf, dass er sie haben will – sie ganz persönlich. Damit zeigt er, dass sie nicht austauschbar ist, dass sie sich auf dem ihr bestimmten Weg nicht einfach vertreten lassen kann. Lebensaufgaben lassen sich nicht delegieren, weder an andere Menschen noch, wenn wir die Szene subjektstufig verstehen wollen, an einen Teilaspekt unserer Persönlichkeit. Auf eine solche Aufgabe muss man sich voll konzentrieren, sie muss in einer authentischen Weise angegangen werden, die ganze Persönlichkeit muss dafür eingesetzt werden.

Das zeigt sich im Märchen auch darin, dass es weder der Müllers- noch der Schweinehirtentochter gelingt, ein Loch in den Ofen zu feilen und herauszufinden, was sich hinter dem Eisenmantel befindet. Nur wenn die Königstochter selber sich entschließt, zu ihrem Versprechen zu stehen, sich auf die neue Lebenssituation einzulassen – und zwar nicht halbherzig –, dann zeigt ihr diese neue Lebenssituation ihr verstecktes Gesicht. Man kann den Ofen natürlich auch als ein alchemistisches Gefäß auffassen, ein Vas, in dem eine neue Lebenssituation sich auskocht ...

Sie sieht einen Königssohn, der ihr von Herzen gefällt, sie sieht einen, der »glimmert«. Er glänzt, er glüht also. Das ist wohl ein Bild für ihr plötzliches Fasziniertsein, aber auch für seine Ausstrahlung, die sichtbar wird, sobald die richtige Frau an seiner eisernen Oberfläche, an seiner harten Schale etwas kratzt und feilt. Jetzt ist sie von ihm angezogen und er bekennt sich zu ihr, zugleich bemächtigt er sich ihrer auch ein wenig mit seinem Reim: »Du bist mein und ich bin dein, du bist meine Braut.«

Eine Annäherung an den Königssohn hat stattgefunden; er gefällt ihr, die Chance, dass sie den Vater verlässt und mit diesem Königssohn in die Welt hinauszieht, ist gegeben. Doch wieder weicht sie zurück. Der Trennungsschritt kann noch nicht vollzogen werden, oder anders ausgedrückt: In dem Moment, in dem sie sich emotionell ein Stück weit vom Vater entfernt, packt sie wieder die Sehnsucht nach der Situation, die sie verlassen wollte. Noch einmal muss sie nach Hause gehen.

Der Königssohn erlaubt es auch, aber nur auf drei Worte. Dieses Zurückgehen hat unter anderem den Sinn, noch einmal Kontakt mit dem aufzunehmen, was man verlässt, um es so innerlich besser mit sich nehmen zu können. Der Königssohn erlaubt ihr im Grunde genommen, sich zu verabschieden. Die Königstochter aber »versitzt« sich, spricht zu viele Worte mit dem Vater. Muss sie ungehorsam sein, treibt dieser Ungehorsam die Entscheidungssituation auf die Spitze? Jetzt muss sie sich nämlich wirklich entscheiden: zwischen dem Weg in die Welt – einem jetzt sehr ungewissen Weg – oder dem Bleiben beim Vater. Dadurch, dass der Eisenofen plötzlich versetzt, ins Unbekannte entrückt worden ist, ist von ihr eine klare Entscheidung gefordert. Sie entscheidet sich für die Such-Wanderung, sie sucht ihren Königssohn. Sie sucht, ohne zu wissen wo – auf die Suche als Ziel ausgerichtet. Ihn zu finden, muss ihr sehr wichtig sein. Vielleicht fühlt sie sich auch an ihm schuldig geworden.

Da stellt sich natürlich eine neue Frage in Bezug auf die Autonomie: Wenn wir aus Schuldgefühlen heraus etwas anstreben, sind wir dann autonom? Sind wir dann nicht immer noch unter der Fuchtel eines Über-Ich, das ja eng mit dem Vaterkomplex und den von ihm geprägten Normen und Vorschriften verbunden ist?

Am Entwicklungsweg dieser Königstochter wird deutlich, dass Autonomie immer nur eine relative sein kann: Zwar ist sie jetzt nicht mehr fremdbestimmt durch den Vater, durch Schuldgefühle dem Vater gegenüber, doch hat sie dafür wahrscheinlich Schuldgefühle dem Prinzen gegenüber. Nicht die Liebe allein lässt sie ihn suchen, es sind wohl auch Schuldgefühle beteiligt, die jedoch einerseits berechtigt sind und andererseits im Dienste der Entwicklung stehen. Gerade in dem Gefühl, schuldig geworden zu sein, schuldig werden zu können, erweisen wir uns als Menschen, die autonom sein können und müssen.

Von jetzt ab führt das Märchen, verglichen mit Märchen des gleichen Typs, sehr zügig weiter. Es entsteht der Eindruck, dass in diesem Märchen wirklich der Entschluss der Prinzessin, ihren Prinzen zu suchen und den Vater zu verlassen, die Hauptrolle spielt und dass von nun an die Suche sich nicht mehr so ganz verzweiflungsvoll gestalten muss.

Dass sich in ihrem Verhalten etwas verändert hat, ein Autonomiezuwachs festzustellen ist, zeigt sich darin, dass sie, nachdem sie wiederum neun Tage im Wald herumgeirrt ist, nicht mehr auf Hilfe wartet, sondern selbst auf einen Baum klettert, angeblich aus Angst vor den wilden Tieren; da oben aber kann sie sich orientieren, findet, nachdem sie so lange in die Irre ging, ein Licht im Dunkeln im wahrsten Sinne des Wortes. Auffallend ist, dass sie im Wald keine Nahrung findet. Sie ist nicht fähig, die Nahrung, die der Wald bietet, aufzusammeln. Sie kennt sich offenbar sehr schlecht in der Natur aus. Wenn sie eine vatergebundene Tochter ist, muss sie mit der Welt des Natürlichen erst noch in Berührung kommen. Schon zu Beginn des Märchens konnte sie sich im Wald nicht orientieren. Wir haben hier daher einen Hinweis auf eine Problematik im mütterlichen Bereich.

Wenn eine junge Frau so sehr vom Vater bestimmt ist, dann wird sie weniger der Mutter verbunden sein, wie immer diese Mutter auch sein mag. Die Welt der Mütter, oder die Welt des Weiblichen, wird dann einfach als nicht so spannend, nicht so anregend empfunden und muss im Laufe der Entwicklung erst entdeckt werden.

So sagte eine Frau, die sehr vom Vater geprägt war, die seine Fabrik übernahm, die »seine Gedanken dachte« – wie sie selbst es ausdrückte –, sie habe erst mit 26 entdeckt, dass sie ja auch eine Mutter habe und dass die gar nicht so langweilig sei, wie sie immer gemeint habe. Und dann begann sie, sich für ihre Mutter zu interessieren, auch dafür, wo sie ihrer Mutter gleiche usw. – Mit dem mütterlichen Bereich muss sich auch unsere Königstochter auseinandersetzen.

Nach dieser Zeit der neuerlichen Verirrung im Wald zeigt sich ein Licht, hat sie eine erste Orientierung. Sie kommt zu einem Häuschen, vor dem viel Grün ist, hohes Gras.

Auffallend ist einerseits die Kleinheit, anderseits die Betonung des Grüns. Grün ist eine Farbe des Wachstums, des Werdens, und zwar eines Werdens, das einem naturgemäßen Rhythmus folgt, das kaum beschleunigt werden kann, das aber auch kaum zu verhindern ist, bedenkt man etwa, wie wenig Licht es braucht, damit es irgendwo wieder zu grünen beginnt. Von daher ist Grün eine Farbe, die wir gerne mit der Stimmung der Hoffnung auf neues Werden verbinden.[18]

Hier im Märchen ist also die Erlösung doppelt angekündigt: Die Königstochter hat einen Orientierungspunkt gefunden, sie ist nicht mehr allein und verwirrt; dieses Häuschen steht »im Grünen«, also auch nicht mehr im dichten Wald, und ist durch dieses Grün einer Sphäre der neuen Wachstumsmöglichkeiten zugeordnet.

In diesem Hüttchen wohnen dicke und kleine Itschen, die allerdings an herrschaftlich gedeckten Tischen sitzen. Hier findet die Königstochter Aufnahme und Nahrung, aber auch Anweisung für die weitere Suchwanderung. Die Kröten wirken hier wie eine Personifikation der Mutter Natur, sie ersetzen die alten weisen Frauen, wie sie in anderen vergleichbaren Märchen vorkommen, oder auch Sonne, Mond und Sterne.

Die Kröten, als noch tierhafte Erscheinungsformen der Erdmutter, zeigen sich hier in einem positiven Aspekt: Mutter Natur gibt dieser Königstochter, was sie braucht. Anders ausgedrückt: Um wirklich sich in die Autonomie hineinentwickeln zu können, um wirklich auf die Suche und auf ihren Weg gehen zu können, braucht sie einen Aufenthalt bei etwas mütterlich Bergendem, sie muss sich in eine Geborgenheit hinein aufnehmen lassen. Auch das ist ein wesentlicher Aspekt auf den Wegen zur Autonomie: Es geht nie nur darum, dass ein Märchenheld oder eine Märchenheldin autonom in die Welt hinausstürmen, immer wieder brauchen sie einen Ort, wo sie geborgen sind, wo sie gepflegt werden, einen Ort der Einkehr. Es geht niemals in der Entwicklung des Menschen nur um Autonomie, es geht um die Polarität von Geborgenheit und Autonomie. Diese Geborgenheit ist aber oft auch eine Abhängigkeit.

Die Königstochter im Märchen hat überhaupt keine Mühe damit, sich von diesen Kröten verwöhnen zu lassen. Und wenn man das so hört, dann bekommt man fast den Eindruck, es sei das Normalste der Welt. Das ist es aber nicht.

In einer Gruppe, in der ich einmal an den Bildern dieses Märchens eigene Bilder aufsteigen ließ, waren etliche, die sich vor diesen Kröten grausten und niemals von ihnen Hilfe angenommen hätten, ja diesen Kröten schon gar nicht zugetraut hätten, dass sie überhaupt eine Hilfe sein könnten. In diesen helfenden Kröten ist unter anderem ausgedrückt, dass vom Unscheinbaren, Verachteten her Hilfe kommen kann – wenn man nur offen ist für die Hilfe. Diese Weisheit versuchen uns viele Märchen näherzubringen. Damit relativiert das Märchen die doch recht verbreitete Überzeugung, dass nur ein großartiges Ereignis dem Leben, das in der Krise ist, eine Wende geben könne. Diese großartigen Wenden treten ja bekanntlich sehr selten auf. Veränderungen kommen viel eher daher, dass wir bisher Übersehenes, was das Leben von sich aus an uns heranträgt, zu sehen und anzunehmen lernen.

Vielleicht ist es gerade diese vertrauensvolle Haltung, in der die Königstochter, voll Verzweiflung natürlich letztlich, jede Hilfe, die die Situation verändert, akzeptiert, woher sie auch kommen mag.

Es geht wohl darum, dass die Heldin in größter Bedrohung Hilfe und Orientierung sucht, sie findet und auch annehmen kann. Es geht aber auch darum, sich auszuruhen und geborgen zu sein. Und das kann die Königstochter bei den Kröten. Sie ist so sehr in einer Vaterwelt aufgewachsen, so viel Erstarrtes ist damit verbunden, denken wir an den mühsamen Loslöseprozess, an den Eisenmantel des Eisenofens, dass sie unbedingt auch einmal in einer »Gegenwelt« leben muss – bei den Kröten, wo das Naturhafte mit Händen zu greifen ist.

Diese Phase der schöpferischen Pause, in der auch noch ins Leben hereingeholt wird, was zuvor ausgeschlossen war, ist eine wichtige Phase innerhalb des Trennungsprozesses: Die entscheidende Ablösung ist bereits vollzogen, die alten Orientierungen sind damit zu einem größeren Teil ungültig geworden, eine neue Ausrichtung ist noch nicht in Sicht, man fühlt sich orientierungslos – »verirrt« nennt es das Märchen –, man sucht ohne großes Resultat; und irgendwann kann man nicht mehr, die bewusste Willensanstrengung reicht gerade noch bis dahin, dass man weiß, dass man jetzt auf einen Wink des Schicksals angewiesen ist, auf eine gute Idee, auf einen rettenden Einfall. Diese Phase ist meistens verbunden mit einem Rückzug auf sich selbst, wo man sich auch pflegt, sich selbst in ein größeres Ganzes hineinbegibt und wartet, was daraus wird. Schlafen und Essen sind dafür gute Bilder; allerdings gehört es auch dazu, dass die Königstochter ihr Problem und ihr Ziel formuliert.

Diese Phase bei den Itschen gleicht einer Inkubationsphase, wie wir sie vom schöpferischen Prozess, grundsätzlich aber von jedem Prozess der Wandlung her kennen: Das Problem wird im Unbewussten bearbeitet, nachdem man sich lange genug damit herumgeschlagen hat und es auch für sich formulieren kann. Dazu gehört aber dieses Vertrauen auf die Hilfe – hier auf die Kröten als dem Symbol des mütterlichen Urgrundes, der recht gegensätzlich ist zur Vaterwelt, woher die Königstochter kommt. Im Entwicklungsweg einer Frau aus einer ursprünglich positiven Vaterbindung heraus wäre das die Phase, in der sie die Vaterwelt hinter sich gelassen hat, sich orientierungslos fühlt und dann mit der Mutterwelt in sich in Kontakt kommt: nicht so sehr mit der Welt, die von der persönlichen Mutter geprägt ist, sondern vielmehr mit dem archetypischen Mütterlichen.

Sie wird erleben, dass sie auch ein Teil der Natur ist, dass die Natur uns trägt, dass sie Rhythmen der Natur unterworfen ist. In dieser Situation könnte sich zum Beispiel eine Frau, die sich vorher vielleicht messerscharf intellektuell dem Leben genähert hat, sich um die Natur und um das Natürliche bemühen, sie wird vielleicht sogar etwas fanatisch, nur noch natürlich sein und leben wollen – wobei sich im Fanatischsein dann noch immer der Vaterkomplex zeigen würde. Vielleicht wird es aber auch so sein, dass sie sich plötzlich mit Ahnungen, mit Intuitionen, mit Träumen beschäftigt, mit allem, was ihr aus ihrer Tiefe herauf zuwächst und was man nicht »machen«, sondern nur erhoffen und erwarten kann.

Auf den Wegen zur Autonomie muss man sich offenbar immer wieder entscheiden, wann man auf seine Autonomie pochen muss, wann man die Verantwortung wirklich übernehmen muss und wann man einfach warten muss, sich vertrauensvoll darauf verlassend, dass die Natur oder das Schicksal einem etwas zuwachsen lässt.

Der gute Rhythmus zwischen Eigenverantwortlichkeit, Übernahme von Verantwortung und Hingabe an das Innere scheint das Geheimnis eines gelingenden Weges zu sein. Der Mensch ist auch in seinem Autonomiestreben eingebunden in die Notwendigkeit bewusster Entscheidungen einerseits und das Angewiesensein auf Hilfe aus der Tiefe, auf Einfälle, Intuitionen andererseits. Dem entspricht auf dem Gebiet der Beziehungen das Eingebundensein in die Notwendigkeit des Selbstseins, des immer wieder Selbstwerdens und der Unvermeidlichkeit von Abhängigkeit.

Die Kröte spricht auch sehr klar aus, was die Königstochter alles vom Königssohn trennt, was sie überwinden muss, um zu ihm zu kommen, gibt ihr aber auch Mittel und Anweisungen dazu. Dieser Aufenthalt im Häuschen im Grünen gibt ihr also eine Ahnung davon, was sie vom Königssohn trennt, wo er zu finden und was zu tun ist. Sie kann sich orientieren, zumindest in einem gewissen Maß, und weiß, wie sie das Problem anpacken muss und kann.

Die Hindernisse, die sich zwischen ihnen türmen, können in Zusammenhang mit der intensiven Vaterbindung gesehen werden, sie können die Auswirkung dieser Vaterbindung auf die Beziehung zu einem Partner zeigen. Mit diesem Problem muss sie umgehen lernen, das ist ein Aspekt ihres Autonom-Werdens.

Den Glasberg könnte man in seiner Glitschigkeit, in seiner Ungreifbarkeit, in seinem Nicht-fassbar-Sein als eine Möglichkeit sehen, sich so sehr vom andern abzuschließen, dass dieser bei jedem Kontaktversuch einfach abrutschen muss. Der Glasberg ähnelt in gewisser Weise dem Eisenofen. In diesem Glasberg könnte eine extreme Abgegrenztheit vom andern dargestellt sein, mit einer unmenschlichen Kälte verbunden, die sich vielleicht auch in einer sehr perfekten und ästhetischen Haltung zeigen könnte, aber eben eine Trennung vom andern bewirkt. Mit den Nadeln der Kröten – die Glitschigkeit der Kröten ist eine sehr andere in ihrer Erdverbundenheit – kann diese Haltung Schritt für Schritt, sehr mühsam, wenn man sich ins Bild einfühlt, überwunden werden. Die Königstochter selbst muss diesen Glasberg übersteigen, muss ihn damit aber auch Schritt für Schritt ermessen.

Diese »Glasbergpsychologie« ist typisch für junge Frauen, die stark dem Vater und dem väterlichen Prinzip verhaftet und zu wenig dem Mütterlichen verbunden sind. Das ergibt sich zwar natürlich fast zwangsläufig, denn wenn der Vater eine so wichtige Position einnimmt, dann kann die Mutter nicht auch gleich wichtig sein. Diese jungen Frauen müssen zuerst mit dem Erdhaft-Weiblichen in Kontakt kommen, um zu sehen, wo sie ihre Glasberge auftürmen. Durch die Beziehungssehnsucht werden sie dazu gebracht, diese Glasberge Schritt um Schritt zu überwinden. Es ist auch keineswegs so, dass diese Glasberge dann ein für alle Male überwunden wären – die Königstochter verwahrt die Nadeln gut, um wieder in der Lage zu sein, diesen Berg auch immer wieder überschreiten zu können.

Nun muss sie sich auch vor den schneidenden Schwertern in Acht nehmen. Schneidende Schwerter kann man mit schneidenden Worten in Zusammenhang bringen, mit schneidenden Argumenten vielleicht, die sie ins Feld bringen kann und von denen sie selbst auch bedroht ist. Darüber muss sie mit einem Pflugrad fahren: Sie muss also einfach über diese Schwerter hinwegfahren, wie immer man sich das auch vorzustellen hat, mit einem Rad. Räder sind Symbole der Ganzheit, des Runden, sich immer Drehenden, Gegensätze in sich Verbindenden, die Schwerter andererseits sind für Trennungen zuständig. Wann immer sie Lust hat, einen Rundumschlag präzis und scharf zu vollführen, müsste sie sich wohl zuerst an das Pflugrad erinnern, an die Möglichkeit, die Dinge nicht zu zertrümmern, sondern in einem zusammenhängenden kontinuierlichen Aspekt zu sehen, dadurch könnte dann die Aggression auch konstruktiv werden. In diesem Sich-hinüberrollen-Lassen, sich dem Pflugrad Anvertrauen, ist eine Hingabe an das Gesetz der Schwerkraft mit ausgedrückt, ein sich von Schwerkraft Erfassen-Lassen, im Gegensatz zum aktiven Ergreifen mit dem Schwert.

Die Auseinandersetzung mit diesen Hindernissen, mit diesen Hemmnissen, leistet die Königstochter aus der Beziehungssehnsucht heraus. Sie will ihren Prinzen wiederfinden, sei er nun als realer Mann vorzustellen oder sei es ihre eigene, sie faszinierende männliche Seite – jedenfalls spürt sie Sehnsucht nach etwas, das sie so fasziniert, dass sie sich von der bisherigen Lebenssituation getrennt hat. Der Fluss, der die beiden jetzt noch trennt, zeigt, wie all die übrigen Hindernisse auch, wie viel noch zwischen den beiden liegt. Die Überquerung des Flusses scheint jedoch kein Problem zu sein, wir erfahren jedenfalls nicht, wie sie das bewerkstelligt. Etwas ganz anderes aber stellt sich ihr in den Weg:

Der Prinz will auf einmal eine andere Frau heiraten. Sie ist vergessen. Das darf uns nicht zu sehr verwundern, ist doch viel Enttäuschung, viel Verrat auch zwischen den beiden gewesen: wirklich Glasberge und reißende Wasser.

Endgültig für sich gewinnen kann die Königstochter den Prinzen erst mit den Kleidern, die sie von den Kröten erhalten hat. Immer deutlicher wird, wie wesentlich dieser Aufenthalt bei den Kröten war, wie wesentlich es für sie war, auch von diesem Bereich aufgenommen worden zu sein. Die Wahl der Kleider drückt unter anderem aus, wie man sich der Welt zeigen möchte, aber auch, wie man gerne gesehen werden möchte. Meistens sind sie, besonders im Märchen, Ausdruck für das Wesen der Trägerin des Kleides. In den Parallelen zu diesem Märchen – vergleiche auch hier wieder *Das singende springende Löweneckerchen* – ist diese Passage viel ausführlicher dargestellt: Die Heldin hat dort von der Sonne ein Kleid bekommen, das sonnengleich glänzt. Da wird dann deutlich, dass die Frau eben durch den Weg, den sie gemacht hat, um ihren Mann zu finden, auch entsprechende »lichte« Persönlichkeitszüge an sich entwickelt hat. In dem Märchen vom »Eisenofen« hat sie einfach all diese Kleider bekommen, nachdem sie sich so lang verirrt hatte. Dieses Märchen lässt die Königstochter nicht so lange irren, wie andere Märchen das tun. Das ist vielleicht auch wieder typisch für eine Vaterstochter, letztlich läuft bei ihr dann doch alles recht gradlinig.

Interessant in diesem Zusammenhang ist, dass der »Eisenofen« ja einmal der Müllers- oder der Schweinehirtentochter hätte vermählt werden sollen: Jetzt hat er eine andere Braut. Die Konstellation des Anfangs wiederholt sich also in einer umgekehrten Weise. Gleiches wird hier mit Gleichem vergolten – die Beziehung steht deutlich unter einem Machtaspekt.

Bei positiv gebundenen Vatertöchtern kommt ja öfters der Wunsch auf, »unter anderem« auch noch verheiratet zu sein, wie er sich darin bildhaft ausdrücken könnte, dass sie sich beim Eisenofen durch die Müllers- und die Schweinehirtentochter vertreten lässt. Diese Halbherzigkeit weicht dem entschlossenen Wunsch, zentral in der Beziehung stehen zu wollen. Es geht ihr jetzt darum, sich ganz authentisch in die Beziehung einzubringen und nicht länger nur so am Rande, vertreten durch eine Randfigur der Seele. Sie ist auch bereit, allen Stolz aufzugeben – und das ist für eine Vaterstochter allerhand –, sich als Küchenmädchen zu verdingen, wobei sie natürlich nicht vergisst, dass sie eine Königstochter ist. Es ist ihr auch bewusst, was sie für den Mann getan hat.» Ich habe dich erlöst«, sagt sie. In diesem Märchen ist aber auch die gegenseitige Erlösung inbegriffen. Nicht nur die Frau hat den Königssohn erlöst, wie es in den Tierprinzen-Märchen zumindest vordergründig zu sein scheint, sondern hier wird ausgedrückt, dass ihr Beim-Vater-geblieben-Sein genauso eine Verzauberung war. Ihr Weg heraus, zudem der Königssohn sie gezwungen hat, ist gleichsam der Weg der Erlösung, den sie zu beschreiten hatte.

Das war es, was ich zu Anfang mit dem Ausdruck, die beiden müssten sich »in die Autonomie hineinlieben«, sagen wollte. Liebe bewirkt ja unter anderem auch, dass man sich aus alten Bindungen lösen kann. Wenn es gut geht, dann führt sie die Partner zu mehr Freiheit, wenn es weniger gut geht, dann setzen sich die alten Gebundenheitsverhältnisse in einer neuen Form, in einer neuen Auflage, fort.

Ob es bei diesen beiden gut oder schlechter gehen wird, ist hier noch ungewiss. Der Prinz hört sie, nachdem sie sehr emotionell ihrer beider Leidensweg ihm schildert und indem sie ihm damit auch sich selbst in Erinnerung ruft. »Du bist mein und ich bin dein« kann nun als Ausdruck der Zugehörigkeit zueinander gewertet werden. Der Prinz hatte von Anfang an eine recht zupackende Art, die Prinzessin andererseits ist es gewohnt, von einem dominierenden Vater geliebt zu werden; es werden da wohl einige weitere Autonomiekämpfe zu erwarten sein.

Interessant in diesem Zusammenhang ist schließlich auch die Bemerkung gegen Ende des Märchens, dass sie keine Itschen mehr vorfanden, als sie zu dem kleinen Häuschen zurückkamen, das in Wirklichkeit das verzauberte Schloss des Prinzen war. Jetzt ist also diese verhexte Situation ganz und gar aufgehoben.

Hier wird auch deutlich, wie sehr die beiden in ihrem Weg zur Erlösung aufeinander angewiesen waren: Die verzauberten Diener und Dienerinnen ihres Prinzen helfen ihr letztlich. Er war aber verzaubert von einer Hexe. Die Urmutter hatte sich also gerächt, vermutlich, weil man sie zu wenig beachtet hatte, war aber für die Frau hilfreich. Indem die Königstochter diesen Naturbereich in sich zur Kenntnis genommen und ihn in seinem Wert erkannt hat, wird sie bereichert und der Mann muss nicht mehr verhext bleiben. Durch den Weg zu mehr Autonomie hätte diese Königstochter also dasjenige ins Leben eingebracht, was im alten System ausgeschlossen war und dadurch destruktiv wurde. Mehr kollektiv gesehen, hätte dadurch das Naturhafte, Weibliche wieder eine größere Bedeutung bekommen. Dadurch wird aber der Prinz menschlich, kann eine Beziehung eingehen, die ihm in der Gestalt des Eisenofens natürlich nicht möglich war.

Das Thema der gegenseitigen Erlösung, der wechselseitigen Hilfe zu mehr Bezogenheit, wird in vielen Märchen in ähnlicher Weise dargestellt. Im nachfolgenden Märchen wird besonders der Weg zur wechselseitigen Bezogenheit viel deutlicher erlebbar.

Das singende springende Löweneckerchen

Ein Weg hin zu echter Bezogenheit

» Es war einmal ein Mann, der hatte eine große Reise vor, und beim Abschied fragte er seine drei Töchter, was er ihnen mitbringen sollte. Da wollte die älteste Perlen, die zweite wollte Diamanten, die dritte aber sprach: »Lieber Vater, ich wünsche mir ein singendes springendes Löweneckerchen (Lerche).« Der Vater sagte: »Ja, wenn ich es kriegen kann, sollst du es haben«, küsste alle drei und zog fort. Als nun die Zeit kam, dass er wieder auf dem Heimweg war, so hatte er Perlen und Diamanten für die zwei Ältesten gekauft, aber das singende springende Löweneckerchen für die Jüngste hatte er umsonst allerorten gesucht und das tat ihm leid, denn sie war sein liebstes Kind. Da führte ihn der Weg durch einen Wald und mitten darin war ein prächtiges Schloss und nah am Schloss stand ein Baum, ganz oben auf der Spitze des Baumes aber sah er ein Löweneckerchen singen und springen. »Ei, du kommst mir gerade recht«, sagte er ganz vergnügt und rief seinem Diener, er sollte hinaufsteigen und das Tierchen fangen. Wie er aber zu dem Baum trat, sprang ein Löwe darunter auf, schüttelte sich und brüllte, dass das Laub an den Bäumen zitterte. »Wer mir mein singendes springendes Löweneckerchen stehlen will«, rief er, »den fresse ich auf.« Da sagte der Mann: »Ich habe nicht gewusst, dass der Vogel dir gehört. Ich will mein Unrecht wiedergutmachen und mich mit schwerem Golde loskaufen, lass mir nur das Leben.« Der Löwe sprach: »Dich kann nichts retten, als wenn du mir zu eigen versprichst, was dir daheim zuerst begegnet; willst du das aber tun, so schenke ich dir das

Leben und den Vogel für deine Tochter obendrein.« Der Mann aber weigerte sich und sprach: »Das könnte meine jüngste Tochter sein, die hat mich am liebsten und läuft mir immer entgegen, wenn ich nach Haus komme.« Dem Diener aber war angst und er sagte: »Muss Euch denn gerade Eure Tochter begegnen, es könnte ja auch eine Katze oder ein Hund sein.« Da ließ sich der Mann überreden, nahm das singende springende Löweneckerchen und versprach dem Löwen zu eigen, was ihm daheim zuerst begegnen würde.

Wie er daheim anlangte und in sein Haus eintrat, war das Erste, was ihm begegnete, niemand anders als seine jüngste, liebste Tochter; die kam gelaufen, küsste und herzte ihn, und als sie sah, dass er ein singendes springendes Löweneckerchen mitgebracht hatte, war sie außer sich vor Freude. Der Vater aber konnte sich nicht freuen, sondern fing an zu weinen und sagte: »Mein liebstes Kind, den kleinen Vogel habe ich teuer gekauft, ich habe dich dafür einem wilden Löwen versprechen müssen, und wenn er dich hat, wird er dich zerreißen und fressen«, und erzählte ihr da alles, wie es zugegangen war, und bat sie, nicht hinzugehen, es möchte auch kommen, was da wollte. Sie tröstete ihn aber und sprach: »Liebster Vater, was Ihr versprochen habt, muss auch gehalten werden. Ich will hingehen und will den Löwen schon besänftigen, dass ich wieder gesund zu Euch komme.« Am andern Morgen ließ sie sich den Weg zeigen, nahm Abschied und ging getrost in den Wald hinein. Der Löwe aber war ein verzauberter Königssohn und war bei Tag ein Löwe und mit ihm wurden alle seine Leute Löwen, in der Nacht aber hatten sie ihre natürliche menschliche Gestalt. Bei ihrer Ankunft ward sie freundlich empfangen und in das Schloss geführt. Als die Nacht kam, war er ein schöner Mann und die Hochzeit ward mit Pracht gefeiert. Sie lebten vergnügt miteinander, wachten in der Nacht und schliefen am Tag. Zu einer Zeit kam er und sagte: »Morgen ist ein Fest in deines Vaters Haus, weil deine älteste Schwester sich verheiratet, und wenn du Lust hast hinzugehen, so sollen dich meine Löwen hinführen.« Da sagte sie ja, sie möchte gern ihren Vater wiedersehen, fuhr hin und ward von den Löwen begleitet. Da war große Freude, als sie ankam, denn sie hatten alle geglaubt, sie wäre von dem Löwen zerrissen worden und schon lange nicht mehr am Leben. Sie erzählte aber, was sie für einen schönen Mann hätte und wie gut es ihr ginge, und blieb bei ihnen, solange die Hochzeit dauerte, dann fuhr sie wieder zurück in den Wald. Wie die zweite Tochter heiratete und sie wieder zur Hochzeit eingeladen war, sprach sie zum Löwen: »Diesmal will ich nicht allein sein, du musst mitgehen.« Der Löwe aber sagte, das wäre zu gefährlich für ihn, denn wenn dort der Strahl eines brennenden Lichts ihn berührte, so würde er in eine Taube verwandelt und müsste sieben Jahre lang mit den Tauben fliegen. »Ach«, sagte sie, »geh nur mit mir, ich will dich schon hüten und vor allem Licht bewahren.« Also zogen sie zusammen und nahmen auch ihr kleines Kind mit. Sie ließ dort einen Saal mauern, so stark und dick, dass kein Strahl durchdringen konnte; darin sollt er sitzen, wenn die Hochzeitslichter angesteckt würden. Die Tür aber war von frischem Holz gemacht, das sprang und bekam einen kleinen Ritz, den kein Mensch bemerkte. Nun ward die Hochzeit mit Pracht gefeiert; wie aber der Zug aus der Kirche zurückkam mit den vielen Fackeln und Lichtern an dem Saal vorbei, da fiel ein haarbreiter Strahl auf den Königssohn, und wie dieser Strahl ihn berührt hatte, in dem Augenblick war er auch verwandelt, und als sie hineinkam und ihn suchte, sah sie ihn nicht, aber es saß da eine weiße Taube. Die Taube sprach zu ihr: »Sieben Jahre muss ich in die Welt fortfliegen:

Alle sieben Schritte aber will ich einen roten Blutstropfen und eine weiße Feder fallen lassen, die sollen dir den Weg zeigen, und wenn du der Spur folgst, kannst du mich erlösen.«

Da flog die Taube zur Tür hinaus und sie folgte ihr nach und alle sieben Schritte fielen ein rotes Blutströpfchen und ein weißes Federchen herab und zeigten ihr den Weg. So ging sie immerzu in die weite Welt hinein und schaute nicht um sich und ruhte nicht, und waren fast die sieben Jahre herum, da freute sie sich und meinte, sie wären bald erlöst, und war noch so weit davon. Einmal, als sie so fortging, fiel kein Federchen mehr und auch kein rotes Blutströpfchen, und als sie die Augen aufschlug, so war die Taube verschwunden. Und weil sie dachte: Menschen können dir da nicht helfen, so stieg sie zur Sonne hinauf und sagte zu ihr: »Du scheinst in alle Ritzen und über alle Spitzen, hast du keine weiße Taube fliegen sehen?« – »Nein«, sagte die Sonne, »ich habe keine gesehen, aber da schenk ich dir ein Kästchen, das mach auf, wenn du in großer Not bist.« Da dankte sie der Sonne und ging weiter, bis es Abend war und der Mond schien; da fragte sie ihn: »Du scheinst ja die ganze Nacht und durch alle Felder und Wälder, hast du keine weiße Taube fliegen sehen?« – »Nein«, sagte der Mond, »ich habe keine gesehen, aber da schenk ich dir ein Ei, das zerbrich, wenn du in großer Not bist.« Da dankte sie dem Mond und ging weiter, bis der Nachtwind herankam und sie anblies; da sprach sie zu ihm: »Du wehst ja über alle Bäume und unter allen Blättern weg, hast du keine weiße Taube fliegen sehen?« – »Nein«, sagte der Nachtwind, »ich habe keine gesehen, aber ich will die drei andern Winde fragen, die haben sie vielleicht gesehen.« Der Ostwind und der Westwind kamen und hatten nichts gesehen, der Südwind aber sprach: »Die weiße Taube habe ich gesehen, sie ist zum

Roten Meer geflogen, da ist sie wieder ein Löwe geworden, denn die sieben Jahre sind herum und der Löwe steht dort im Kampf mit einem Lindwurm, der Lindwurm ist aber eine verzauberte Königstochter.« Da sagte der Nachtwind zu ihr: »Ich will dir Rat geben: Geh zum Roten Meer, am rechten Ufer da stehen große Ruten, die zähle und die elfte schneid dir ab und schlag den Lindwurm damit, dann kann ihn der Löwe bezwingen und beide bekommen auch ihren menschlichen Leib wieder. Hernach schau dich um und du wirst den Vogel Greif sehen, der am Roten Meer sitzt, schwing dich mit deinem Liebsten auf seinen Rücken: der Vogel wird euch übers Meer nach Haus tragen. Da hast du auch eine Nuss; wenn du mitten über dem Meere bist, lass sie herabfallen, alsbald wird sie aufgehen und ein großer Nussbaum wird aus dem Wasser hervorwachsen, auf dem sich der Greif ausruht; und könnte er nicht ruhen, so wäre er nicht stark genug, euch hinüberzutragen; und wenn du vergisst, die Nuss hinabzuwerfen, so lässt er euch ins Meer fallen.«

Da ging sie hin und fand alles, wie der Nachtwind gesagt hatte. Sie zählte die Ruten am Meer und schnitt die elfte ab, damit schlug sie den Lindwurm und der Löwe bezwang ihn. Alsbald hatten beide ihren menschlichen Leib wieder. Aber wie die Königstochter, die vorher ein Lindwurm gewesen war, vom Zauber frei war, nahm sie den Jüngling in den Arm, setzte sich auf den Vogel Greif und führte ihn mit sich fort. Da stand die arme Weitgewanderte und war wieder verlassen und setzte sich nieder und weinte. Endlich aber ermutigte sie sich und sprach: »Ich will noch so weit gehen, als der Wind weht, und so lange, als der Hahn kräht, bis ich ihn finde.« Und ging fort, lange, lange Wege, bis sie endlich zu dem Schloss kam, wo beide zusammen lebten. Da hörte sie, dass bald ein Fest wäre, wo sie Hochzeit miteinander machen wollten. Sie sprach aber: »Gott hilft mir noch«, und öffnete das Kästchen, das ihr die Sonne gegeben hatte, da lag ein Kleid darin, so glänzend wie die Sonne selber. Da nahm sie es heraus und zog es an und ging hinauf in das Schloss. Alle Leute und die Braut selber sahen sie mit Verwunderung an, und das Kleid gefiel der Braut so gut, dass sie dachte, es könnte ihr Hochzeitskleid geben, und fragte, ob es nicht feil wäre? »Nicht für Geld und Gut«, antwortete sie, »aber für Fleisch und Blut.« Die Braut fragte, was sie damit meinte. Da sagte sie: »Lasst mich eine Nacht in der Kammer schlafen, wo der Bräutigam schläft.« Die Braut wollte nicht und wollte doch gerne das Kleid haben, endlich willigte sie ein, aber der Kammerdiener musste dem Königssohn einen Schlaftrunk geben. Als es nun Nacht war und der Jüngling schon schlief, ward sie in die Kammer geführt. Da setzte sie sich ans Bett und sagte: »Ich bin dir nachgefolgt sieben Jahre, bin bei Sonne und Mond und bei den vier Winden gewesen und habe nach dir gefragt und habe dir geholfen gegen den Lindwurm, willst du mich denn ganz vergessen?« Der Königssohn aber schlief so hart, dass es ihm nur vorkam, als rauschte der Wind draußen in den Tannenbäumen. Wie nun der Morgen anbrach, da ward sie wieder hinausgeführt und musste das goldene Kleid hingeben. Und als auch das nichts geholfen hatte, ward sie traurig, ging hinaus auf eine Wiese, setzte sich dahin und weinte. Und wie sie so saß, da fiel ihr das Ei noch ein, das ihr der Mond gegeben hatte: Sie schlug es auf, da kam eine Glucke heraus mit zwölf Küchlein ganz von Gold, die liefen herum und piepten und krochen der Alten wieder unter die Flügel, sodass nichts Schöneres auf der Welt zu sehen war. Da stand sie auf, trieb sie auf der Wiese vor sich her, so lange, bis die Braut aus dem Fenster sah, und da gefielen ihr die kleinen Küchlein so gut, dass sie gleich herabkam und fragte, ob sie nicht feil wären? »Nicht für Geld und Gut, aber für Fleisch und Blut; lasst mich noch eine Nacht in der Kammer schlafen, wo der Bräutigam schläft.« Die Braut sagte ja und wollte sie betrügen wie am vorigen Abend. Als aber der Königssohn zu Bett ging, fragte er seinen Kammerdiener, was das Murmeln und Rauschen in der Nacht gewesen sei. Da erzählte der Kammerdiener alles, dass er ihm einen Schlaftrunk hätte geben müssen, weil ein armes Mädchen heimlich in der Kammer geschlafen hätte, und heute Nacht sollte er ihm wieder einen geben. Sagte der Königssohn: »Gieß den Trank neben das Bett aus.« Zur Nacht wurde sie wieder hereingeführt, und als sie anfing zu erzählen, wie es ihr traurig ergangen wäre, da erkannte er gleich an der Stimme seine liebe Gemahlin, sprang auf und rief: »Jetzt bin ich erst recht erlöst, mir ist gewesen wie in einem Traum, denn die fremde Königstochter hatte mich bezaubert, dass ich dich vergessen musste, aber Gott hat noch zu rechter Stunde die Betörung von mir genommen.« Da gingen sie beide in der Nacht heimlich aus dem Schloss, denn sie fürchteten sich vor dem Vater der Königstochter, der ein Zauberer war, und setzten sich auf den Vogel Greif, der trug sie über das Rote Meer, und als sie in der Mitte waren, ließ sie die Nuss fallen. Alsbald wuchs ein großer Nussbaum, darauf ruhte sich der Vogel aus, und dann führte er sie nach Haus, wo sie ihr Kind fanden, das war groß und schön geworden, und sie lebten von nun an vergnügt bis an ihr Ende.[19] «

Auch hier haben wir wieder ein Märchen aus der Sammlung der Brüder Grimm – und überraschend ist die Ähnlichkeit der Handlung zum Märchen *Der Eisenofen*. Dennoch ist der Entwicklungsweg der beiden Protagonisten ganz anders gezeichnet. Dieses Märchen gehört wie bereits erwähnt zum Typus des »Tierbräutigams«: Ein Prinz ist in ein Tier verwandelt worden und kann nur erlöst werden, wenn ein Mädchen ihn liebt, trotz seines Tierkleides. Diese Liebe ist schwer zu erlangen und die Erlösung erfolgt selten geradlinig. Immer wird versucht, zu früh diese Erlösung zu bewerkstelligen oder sie zu beschleunigen. Aber ist in diesem Märchen jeweils nur der Mann verzaubert, wie es nach außen hin klar darin zum Ausdruck kommt, dass er in der Gestalt eines Löwen, eines Schweins oder eines Bären leben muss? Und ist das Mädchen ganz selbstlos, indem es so viel auf sich nimmt, um diesen Tierprinzen wiederum in einen Menschen zu verwandeln?

Wir haben hier ein sehr bildhaftes, »märchenhaftes« Märchen vor uns; viele Bilder werde ich nicht interpretieren, in der Hoffnung, dass die Bilder des Märchens Bilder in der Psyche des Hörers oder Lesers von selbst in Bewegung bringen mögen.

Versuchen wir uns wieder in das Paar einzufühlen: Das Mädchen wünscht sich von seinem Vater, der ihm von seiner Reise etwas mitbringen will, ein »singendes springendes Löweneckerchen«. Die drei Wünsche sind ein bekanntes Motiv aus den Märchen: Unbewusste Wünsche an das Leben, in ihnen drücken sich Lebensthemen aus, die sich erst keimhaft in diesen Wünschen äußern – vergleiche auch *Der grüne Ritter*. Ein Aufbruch steht bevor, der Vater entfernt sich aus dem Lebenskreis des Mädchens, wenn auch nur vorübergehend. In dem Wunsch äußert sich wohl, was die Mädchen für die nächste Phase ihres Lebens als das Wichtigste ansehen. Perlen und Diamanten, die sich die Schwestern wünschen, sind zwar Kostbarkeiten, aber solche, die man kaufen kann. Es sind also »vernünftige« Wünsche, erfüllbare. Die Jüngste wünscht sich ein »singendes springendes Löweneckerchen«.

135

Zu fragen ist, was das denn überhaupt ist. Es gibt innerhalb der Märchenforschung Erklärungen, die allesamt nicht befriedigen: Bolte und Polívka sagen, das Löweneckerchen sei eine Lerche.[20]

Da ein Parallelmärchen von einem singenden und klingenden Bäumchen spricht, stellen sie die Frage, ob ein Erzähler vielleicht falsch verstanden habe und dass es hier vielmehr um Laub gehe, oder eben um singende und springende Blättchen.

Falls es darum ging, so viel weniger geheimnisvoll wird der Wunsch deshalb nicht. Und mir scheint es sinnvoll, dass wir nicht wissen, was das singende springende Löweneckerchen ist, dass gerade das Fantastische daran wesentlich ist. Natürlich fällt sofort der Zusammenhang mit dem Löwen auf: Die junge Tochter will also etwas, was mit einem Löwen zusammenhängt, aber nicht nur, es soll auch noch singend sein, springend sein. In dem Wort Eckerchen tönt auch sehr viel Zärtlichkeit mit. Sie will etwas ganz Besonderes haben: In ihrem Wunsch scheinen sich viele Aspekte ihres Wünschens zu verdichten. Wenn dieser Wunsch mehr ist als ein bloßer Wunsch, wenn wir ihn wirklich, wie ich vorhin meinte, als Zielvorstellung für die nächste Phase ihres Lebens verstehen können, dann will sie ganz und gar Unalltägliches erleben, etwas, was es eigentlich fast nicht gibt. In diesem Geheimnisvollen muss wilde Kraft, aber auch etwas sehr Leichtes, Zärtliches miteinander verbunden sein. Ob sie nicht doch auch ein bisschen verzaubert ist bei solch einem Wunsch, wenn auch auf eine charmante Weise?

Warum sie verzaubert ist, sagt uns das Märchen: Sie liebt ihren Vater sehr und sie ist ihm auch seine liebste Tochter. Die beiden haben also eine sehr nahe Beziehung. Wenn wir uns in das Mädchen einfühlen, erscheint sie zu Beginn des Märchens in ihrer Verbundenheit mit dem Vater deutlich dargestellt. Da von einer Mutter und von einer Frau nicht die Rede ist, ist es denkbar, dass die jüngste Tochter dem Vater etwa die Partnerin ersetzt. Insofern ist sie verzaubert: Die Beziehung zu ihrem Vater gibt ihr eine Bedeutung, die ihr noch nicht zukommt. Diese Bedeutung weckt in ihr Wünsche, gerade auch in Bezug auf den Partner, die weit über das Gewöhnliche hinausgehen. Die Frage ist dann nur, ob sie genug Kräfte für ihr besonderes Schicksal hat.

Auch wenn wir nicht so recht wissen, was ein Löweneckerchen ist, der Vater weiß es – oder er wird von ihm angezogen. Er findet aber nicht nur das Löweneckerchen, er findet auch den dazugehörenden Löwen. Der Vater wird also zunächst bedroht durch den Wunsch der Tochter.

Es fällt hier auf, dass der Vater nicht so schnell bereit ist, sein Problem zu lösen, indem er die Tochter etwa verkauft, wie es in vielen andern Märchen der Fall ist, in denen es darum geht, dass der Vater zwar seine Haut retten kann, aber das Erste, was ihm entgegenkommt oder geboren wird, opfern muss. Und das ist dann meistens eine Tochter oder ein Sohn. Wie leicht sind die Väter in den Märchen bereit, ihre ungelösten Probleme dadurch zu lösen, dass sie ihre Kinder verkaufen, ihre ungelösten Probleme der nächsten Generation aufzuhalsen. Der Vater in unserem Märchen aber rechnet damit, dass seine Tochter ihm entgegenlaufen wird, er weiß um ihre gegenseitige Liebe – sie ist also nicht so verdrängt –, und deshalb schreckt er vor der Forderung des Löwen zurück. Erst der Diener überredet ihn – der Diener, dem angst und bang geworden war. Auch wenn der Vater weiß, was geschehen wird, die Angst treibt ihn doch dazu, seine Tochter dem Löwen zu versprechen. – Einmal dem Gefahrenbereich des Löwen entronnen, bittet der Vater die Tochter wiederum, nachdem er ihr alles erzählt hat, nicht hinzugehen; er ist bereit, die Folgen zu tragen.

Aber die Tochter wollte ja das singende springende Löwen-eckerchen, sie wollte mit dem ganzen Bereich dieses geheimnisvollen Vogels konfrontiert werden, und ich denke, dass es nicht nur die Liebe zum Vater ist, die sie sagen lässt: »Liebster Vater, was Ihr versprochen habt, muss auch gehalten werden: Ich will hingehen und will den Löwen schon besänftigen, dass ich wieder gesund zu Euch komme.« Die jüngste Tochter zeigt sich in dieser Aussage: Sie ist voll Vertrauen in sich und ihre Möglichkeiten, mit wilden Löwen umzugehen, sie schreckt auch nicht vor etwas Gefährlichem zurück – die Bindung zum Vater hat sie auch sicher gemacht. Sie will den Löwen aber nur besänftigen und dann wieder zum Vater zurückkehren. Sie will sich einlassen auf das Neue, das da aus dem Wald heraus plötzlich Anspruch auf sie erhebt – es ist der Lebensimpuls auf einen Partner zu, der da aber noch als wilder Löwe hingestellt wird, der jedoch trotzdem oder gerade deshalb faszinierend ist, wenn auch gefährlich –, aber letztlich will sie dann doch wieder zum Vater zurückkommen.

In der Ausgangssituation des Märchens wird auch hier wieder, vergleiche *Der Eisenofen*, eine positive Vater-Tochter-Beziehung geschildert, in der es darum geht, dass die Tochter sich vom Vater löst. Das Mädchen, das dem Vater die Partnerin ersetzen musste, wird erotisch und sexuell etwas zu früh stimuliert, bekommt aber gleichzeitig das Gefühl, attraktiv und wichtig zu sein, etwas bewirken zu können.

Das Lebensgefühl des singenden springenden Löweneckerchens kann sie nur dadurch realisieren, dass sie sich nun zunächst mit diesem wilden Löwen einlässt. Was symbolisiert der Löwe? Das Märchen nennt seine Gier, die Befürchtung, er könnte das Mädchen fressen, zerreißen. Als Sonnentier ist der Löwe der Hitze, der Glut und dem Begehren zugeordnet. Auch gilt er als wild, mutig, ein Herrscher mit unbändiger Kraft, der Aphrodite, der Liebesgöttin, nahestehend. Wenn nun der Mann verzaubert ist, ein Löwe sein zu müssen, dann könnte das heißen, dass die ganze erotisch-sexuelle Kraft von ihm als Getriebensein erlebt wird oder dass das Mädchen ihn so sieht – zwar kraftvoll, schön, aber nicht immer menschlich. Ob da der Vater Angst hat, dass ein junger Mann für seine Tochter ein wilder Löwe sein könnte, der sie auffrisst? Überträgt der Vater seine eigene Gier auf den jungen Mann, der seine Tochter haben möchte, oder ist damit ausgedrückt, dass die Sexualität hier nur unter dem Aspekt des Tierischen gesehen werden kann?

Das Märchen ist da sehr klar: Der Vater würde von ihm allenfalls aufgefressen – nicht die Tochter. Der Vater hält den Löwen für gefährlich – und ihm würde er auch gefährlich. Die Beziehung des Mädchens zum Löwen scheint denn auch kein Problem zu sein. Es wird freundlich empfangen, der Löwe ist nachts ein schöner Mann, die Hochzeit wird mit Pracht gefeiert. Und sie leben vergnügt des Nachts und schlafen am Tag.

Auch das ist ein Ausdruck wahrer Lebenskunst: In der Zeit, in der man verzaubert ist, verwünscht ist, schläft man. So kann das Problem zunächst einfach übersehen oder vielmehr überschlafen werden. Die beiden haben offenbar große Freude aneinander und es wird auch – ganz nebenbei – ein Kind geboren, ohne Probleme. Die Beziehung dürfte eine sehr körperliche, lustvolle, fruchtbare sein, die aber im Schloss im Wald stattfindet, nachts, also getrennt von der Welt der andern Menschen.

Das könnte einerseits bedeuten, dass die Tochter, die von einer solchen Vater-Tochter-Situation geprägt ist, wilde sexuelle Fantasien hat, schöne sexuelle Fantasien, die sie aber streng absondert von der Welt des Alltäglichen. Es kann aber auch bedeuten, dass damit eine junge Frau gemeint ist, die wilde sexuelle Beziehungen pflegt und die dazu selbstverständlich auch die Partner findet. Diese Beziehungen sind sehr befriedigend, sehr lustvoll, können aber nicht mit dem alltäglichen Leben in Zusammenhang gebracht werden, sei es, dass sie diese Beziehungen vor sich selbst nicht zugeben kann, sie abspaltet, sei es, dass sie sie vor der Welt nicht zugeben kann. Dabei spielt wiederum die Bindung an den Vater eine Rolle.

Dazu möchte ich ein Beispiel aus der therapeutischen Praxis anführen:

Eine junge Frau, 28, wirkt eher rational, kühl, an intellektuellen Dingen sehr interessiert, ist aber durchaus eine Frau mit Körperbewusstsein. Sie sucht die Therapie auf, weil sie in einer sehr schwierigen Beziehung steckt. Sie meint, den Partner zu lieben und auch von ihm geliebt zu werden, beide haben aber eine ungeheure Angst vor der sexuellen Verbindung. Die junge Frau findet das ganz absurd, denn sie sei sonst »sexuell voll funktionstüchtig«. Diese Ausdrucksweise erstaunt mich etwas und ich schaue sie fragend an. Sie zuckt die Schultern und sagt: »Ja, ich meine damit nur, dass es immer funktioniert hat. Aber das ist ja jetzt nicht wichtig.«

In der nächsten Stunde sagt sie mir, ihr sei erst nach der letzten Stunde aufgefallen, wie viele sehr schöne sexuelle Beziehungen sie zu Männern gehabt habe, wild, fröhlich, letztlich auch unverpflichtend. Sie habe es aber weder vor sich noch je gar vor anderen zugegeben, was für ein Leben sie da auch noch führe. Wenn sie an ihren Vater denke, wenn der das wüsste! Sie habe in der Familie immer als die gegolten, die intellektuelle Freundschaften führe, und das habe ja auch gestimmt. Die Männer, mit denen sie ihre

»Bettgeschichten« gehabt habe, seien andere Männer gewesen als die, mit denen sie ihre Freundschaften gepflegt habe.

Die junge Frau sagt von sich, sie sei Vaters Tochter, sie habe sonst nur Brüder; zwischen dem Vater und ihr hätten immer sehr viel Liebe und sehr viel gegenseitiges Verständnis bestanden. Er habe ihr auch immer gesagt, was für eine tolle Frau sie einmal sein werde, habe aber dieses »einmal« auch immer weiter hinausgeschoben, indem er ihr zu verstehen gab, dass er es ungeheuer reif von ihr fand, dass sie Freundschaften auf geistigem Gebiet pflege.

Solche Situationen, in denen etwas so ganz im Dunkeln des Waldes stattfindet, in der Nacht, in denen aber auch so viel Energie steckt wie in unserem Märchen, solche Situationen drängen dann doch ans Licht. Sie müssen dem alltäglichen Leben verbunden werden. Der Impuls im Märchen geht wiederum vom Löwen aus, wie auch schon die Brautsuche. Er weiß, dass eine Hochzeit in Vaters Haus ist. Es wird also Zeit, dass die Verbindung von Mann und Frau nicht nur mitten im Wald geschieht, sondern auch in der Welt des Alltäglichen. Die Hochzeit der Schwester gibt auch ihr Gelegenheit, von ihrem Glück zu sprechen.

Es ist denn auch ganz folgerichtig im Sinne, dass diese verborgene Löwenzeit in die Welt des Alltäglichen integriert werden muss, dass die Frau ihren Mann bittet, zur Hochzeit der zweiten Schwester mitzukommen. Der Löwe weiß um die Gefahr für ihn; wenn ihn Licht berührte, dann würde er in eine Taube verwandelt werden und er müsste sieben Jahre lang mit den Tauben fliegen. Die Frau will ihn hüten und vor allem Licht bewahren, nicht die Neugierde der Frau ist es hier, die den Mann in Gefahr bringt. Ihr ist von Anfang an klar, dass der Mann nur am Tag ein Löwe ist, insofern muss auch nicht heimlich nachgesehen werden, was denn sein Geheimnis sei. Sie bringt ihren Mann in Gefahr, weil sie nicht allein zur Hochzeit ihrer Schwester gehen will, sie will ihn zeigen – zu früh. Sie überschätzt ihre Möglichkeiten, ihren Mann zu schützen. Ihr Selbst-Vertrauen ist ungebrochen – und vielleicht nicht ganz dem Maß der Verzauberung angemessen.

Die junge Frau, die wegen ihres Beziehungsproblems in Analyse kam, sagte zum Beispiel: »Immer, wenn ich versuchte, jemandem von meiner Beziehung zu erzählen, oder wenn mich einmal jemand mit einem solchen Mann sah, dann war die Beziehung futsch. Und zurück blieb jeweils eine Sehnsucht.«

Das Märchen spricht hier das Problem des richtigen Zeitpunkts an, des »Kairos« – des Zeitpunktes, an dem eine Zeitwende einsetzt, an dem eine Zeit erfüllt ist, an dem eine fruchtbare Entscheidung getroffen werden kann. Das ist ein Problem, das in den Märchen immer wieder behandelt wird – durchgängig: Das Licht muss im richtigen Moment auf eine verzauberte Person fallen, man muss im richtigen Moment die Verzauberung ganz sehen und dann kann eine Verwandlung stattfinden. Fällt das Licht zu früh darauf, dann wird eben ein Löwe beispielsweise in eine Taube verwandelt, eine neue Verwandlung in eine Tiergestalt, mit anderen Möglichkeiten und Blockierungen, findet statt. Manchmal hat man das Gefühl, es hätte gar nie den richtigen Moment gegeben, oder aber, es sei unmöglich für einen sterblichen Menschen, ihn zu finden. Wäre es denkbar, dass der Löwe – hätte die junge Frau nicht darauf bestanden, dass er mitkommt – sich auch spontan hätte verwandeln können? Wäre es vielleicht nicht eher so, dass die beiden einfach weiterhin in ihrem Wald miteinander gelebt hätten, wohl fruchtbar gewesen wären, aber wesentliche Aspekte der Beziehung nie hätten erfahren können, die ja erst erkannt werden, nachdem Licht in die Situation fällt, nachdem eben dieses Dunkelleben, diese lustvolle Symbiose, aufgehellt und damit auch aufgelöst wurde?

Dass Licht auf den Löwen fällt, nachdem die junge Frau alles getan hat, damit kein Licht auf ihn falle, und dass das Licht gerade durch eine Türe dringt – Symbol des Durchgangs, des Sich-Öffnens –, darin zeigt sich die Phase der Beziehung als abgeschlossen, in der es nur um Lust und Fruchtbarkeit gegangen ist, in welche die junge Frau ursprünglich auch nicht aus eigenem Entschluss hineinging, sondern ihrem Vater zuliebe. Und wir dürfen nicht vergessen, dass sie, auch wenn es ihr bei dem Löwen gefallen hat, seine Gefangene war. Das ändert sich nun grundlegend.

Das Licht, das auf den Löwen gefallen ist, bewirkt eine Trennung der Partner. Wenn Licht auf eine symbiotische Situation fällt, die sich, wie hier, vor allem auf der Ebene der Körperlichkeit, anonym, lustvoll, abspielt, wenn einem plötzlich bewusst wird, wie sehr man gefangen und ineinander verstrickt ist, bewirkt das zunächst eine Trennung. Dieses Licht kann auch in eine Situation fallen, in der man plötzlich mit den Augen der andern diese Situation ansieht. Dann wird sich die Situation verändern.

Dieses Phänomen ist gut erkennbar bei der Analysandin, die ich vorhin erwähnte. Wenn sie jemandem von ihren Beziehungen erzählt, dann ist die Faszination weg. Dann ist die Trennung da, allerdings eine sehr totale. Darin drückt sich aber aus, dass die Beziehung letztlich für sie nicht genügte oder nicht mehr genügt, dass etwas Neues dazukommen muss. Ich möchte keineswegs solch eine lustvolle Verstrickung von vornherein verteufeln – aber auch sie hat eine bestimmte Zeit in einer Beziehung oder in der Beziehungsgeschichte des Menschen, und dann muss etwas Neues dazukommen.

Die Trennung wird im Märchen dadurch symbolisiert, dass der Mann zu einer Taube wird. Er ist jetzt ein Tier geworden, das dem Luftbereich angehört, nicht mehr dem Bodenbereich wie zuvor – vergleiche im Märchen von *Jorinde und Joringel*. Sieben Jahre muss er durch die Welt fliegen. Vergessen wir nicht, dass sich die junge Frau schon als Mädchen ein singendes springendes Löweneckerchen gewünscht hat, also einen Vogel – jetzt hat sie ihren Vogel. Er kann sie nicht mehr zwingen, ihm zu folgen. Wenn sie ihm folgt, tut sie es aus freien Stücken, dann tut sie es wirklich aus Liebe zu ihm und nicht mehr aus Liebe zu ihrem Vater.

Was bedeutet es, dass der Löwe zu einer Taube geworden ist? Die Taube ist der Vogel der Aphrodite, der Liebesgöttin, ein weißes Taubenpaar ist ein populäres Liebessymbol. Im Zusammenhang mit der Sintflut hat Noah drei Tauben ausfliegen lassen, eine von ihnen kehrte mit einem Ölzweig zurück und bewies damit, dass wieder Land sichtbar war. Von daher gilt die Taube auch als Symbol der Versöhnung mit Gott und übergreifend als Symbol des Friedens. Von der Verhaltensforschung her wissen wir, dass die Taube ein sehr aggressiver Vogel ist, das passt an sich gut zur Taube als Liebessymbol; sie war ja auch Symbol der Ischtar in Vorderasien: Ischtar ist die Fruchtbarkeits-, die Liebesgöttin, und auch die Göttin des Krieges. Denn was wäre eine Liebe ohne Aggression – Aggression wiederum verstanden im Sinne des entschiedenen Aufeinander-Zugehens, des Zupackens im Sinne der Konfrontation, des entschiedenen

Durchhaltens einer Beziehung und der Abgrenzung. Als Vogel ist die Taube auch ein Mittler zwischen Erde und Himmel. In ihr ist angedeutet, in welcher Art nun die Beziehung zwischen den beiden ergänzt werden soll: Es geht um die geistige Dimension der Liebe. Zunächst aber setzt der Leidensweg ein.

Wenn eine Symbiose aufgehoben, wenn eine Trennung sichtbar wird, dann muss getrauert und gelitten werden, dann hat man das Gefühl, etwas unwiederbringlich verloren zu haben, eine Quelle größter Lust – und was bleibt, ist die Sehnsucht danach, die Sehnsucht, die einen wieder suchen lässt, was man verloren hat. Wenn man Glück hat, dann birgt die neu gefundene Lebensform noch mehr an Leben in sich. Aber reden wir noch nicht vom Finden, im Märchen geht es zunächst um Suchen. Es ist eine erste Phase beschrieben, in der die Taube alle sieben Schritte einen Tropfen Blut und eine weiße Feder niederfallen lässt. In der Verbindung von Rot und Weiß ist wohl auch angezeigt, worum es bei diesem Weg geht: der irdische, körperliche, triebhafte Aspekt der Liebe wird mit dem geistigen, mystischen, sehnsüchtigen verbunden.

Aber zunächst scheint mir im Fallen der Blutstropfen und der Federn das große Leiden ausgedrückt zu sein, das in dieser Entfremdung liegt: Die Beziehung wird aufrechterhalten, indem der Mann sein Leiden ausdrückt, seiner Frau damit signalisiert, wo er ist und dass er leidet. Sie kann diese Zeichen, sie kann sein Leiden aufnehmen und ihm dadurch folgen.

Eine Möglichkeit, solche Trennungen, solche Entfremdungen auch in realen Partnerschaften gut zu überstehen, besteht darin, einander so gut wie möglich zu zeigen, dass man leidet und wo man ist, und nicht zu versuchen, diesen Zustand zu beheben, um Eintracht und Verschmelzen herbeizuzwingen. Es braucht dazu allerdings einen Partner, der ebenso unbeirrbar wie die junge Frau im Märchen diesen Weg mitgeht, um dann da zu sein, wenn die Verwandlung stattfinden, die Verzauberung aufgehoben werden kann, um aber auch da zu sein, wenn das Aufheben der Verzauberung nicht gelingen sollte.

Ein Beispiel aus der Praxis zu dieser Thematik mag diese Konstellation verdeutlichen:

Ein Ehepaar, beide um die 30, kommt in Therapie. Sie wollen sich eigentlich trennen. Irgendwie können sie aber einfach nicht glauben, dass ihre Ehe nicht weitergeführt werden kann, denn früher, sagen sie, seien sie ein Herz und eine Seele gewesen und hätten ungeheuren Spaß an der Sexualität gehabt und sich dann einander ganz nahe gefühlt, es sei ein wunderbares Lebensgefühl gewesen. Jetzt hätten sie keinen Spaß mehr daran, es sei eine bessere Turnübung geworden. Sie seien einander entfremdet, jeder lebe so vor sich hin und von den großen Gefühlen sei nichts mehr da. Beide hätten sie große Sehnsüchte, die sie anfingen auf andere Menschen zu werfen – darum sei es doch besser, wenn sie die Ehe auflösten. Sie hätten das Gefühl, dass jeder vom andern etwas wolle, das dieser nicht geben könne.

Was denn das sei? Vielleicht das Gefühl, das sie früher gehabt hätten, als sie sexuell so ansprechbar gewesen seien, oder vielleicht sogar noch etwas mehr, nämlich das Gefühl, nicht nur sexuell zusammen mehr zu erleben als allein, sondern auch in der ganzen Beziehung? Irgendwie sei da noch eine Dimension mehr gewesen, aber das liege offenbar nicht mehr drin.

Während die beiden ihre Situation klären, fällt mir das Märchen vom singenden springenden Löweneckerchen ein. Ich spreche sie auf ihre Hoffnung an, dass »es« eben doch noch drinliegen könnte, da sie sonst doch wohl kaum die Therapie aufgesucht hätten. Mit diesem kleinen Hinweis wecke ich in ihnen Hoffnung, sie sind bereit, einander wieder zu suchen, und dieses Suchen gestaltete sich sehr ähnlich dem Märchen vom singenden springenden Löweneckerchen. Die junge Frau hatte eine sehr nahe, sehr körperlich betonte Beziehung zu ihrem Vater gehabt, er war sehr muttergebunden.

Eine erste Phase der Therapie gestaltet sich so, dass jeder lernt, dem andern zu sagen, wie er leidet, woran er leidet und wo er sich innerlich befindet. Dabei gelingt es, der Frau klarzumachen, dass die »Höhenflüge« ihres Mannes, sein »Abgehobensein« von der Realität, nicht nur ärgerlich, sondern auch sehr anregend sein können. In diesem Fall ist er – wie im Märchen – doch der offensichtlich mehr Verzauberte, er bekommt zusehends mehr Mühe in seinem Leben, sich mit Verantwortung, Realität auseinanderzusetzen, er will einen großen Wurf machen in seinem Leben, der Alltagskram wird für ihn ganz unattraktiv, er ist ein sehr interessierter Mensch, aber ohne die Möglichkeit, sich für etwas länger zu interessieren. Die Frau indessen stört sich an diesen Möglichkeiten, besonders nachdem die Sexualität, die auch für sie sehr originell und lustvoll gewesen sein musste, von ihrem Mann nicht mehr als so wesentlich erlebt wird. Sie legt ihn auch auf dieses »Vogeldasein« fest, indem sie nicht etwa seine Geistesqualitäten oder das Leichte an ihm herausfordert, sondern indem sie nur noch seine neurotischen Formen sieht, ihm vorwirft, er werde nicht erwachsen.

Die junge Frau im Märchen hat dieser Ehefrau das Wissen voraus, worum es auch in diesem Märchen geht: nämlich den Mann zu erlösen und, ich bleibe dabei, sich damit auch selbst ein Stück mitzuerlösen.

Sobald ich den beiden diesen Aspekt vermitteln kann, dass es darum gehe, dass jeder im andern eine neue Lebensmöglichkeit entbinden könne, dass die Krise sinnvoll sei, weil wirklich eine neue Dimension in ihr Leben kommen sollte, dass sie sich dabei aber vielleicht helfen könnten, da sind sie bereit, die »Fehler des andern«, dessen gegenwärtige Lebensform, nicht mehr nur als störend zu sehen, sondern als Anhaltspunkte auf einem Weg zur Wandlung. Die Entfremdung verwandelt sich in echte Bezogenheit.

Auch im Märchen scheint mir, dass der Weg, den die beiden miteinander gehen, ein Weg echter Bezogenheit ist – jetzt sind sie erstmals aufeinander bezogen als Leidenspartner.

Aber nicht einmal im Märchen geht die Erlösung leicht vor sich: Einmal ist die Taube plötzlich verschwunden, kurz bevor sie erlöst werden soll, und vom Fortgang des Märchens her wissen wir, dass die Taube verschwunden ist, weil jetzt der Zeitpunkt der Erlösung gekommen ist.

Die Trennung jetzt ist viel radikaler, als je zuvor eine Trennung zwischen den beiden war. Und wir wissen, dass sich jetzt jeder auf seine Art allein mit dem Problem auseinandersetzt. Die junge Frau weiß – auch darin noch selbstsicher –, dass Menschen hier nicht mehr helfen können. So geht sie zu Sonne, Mond und zum Wind, um sich Rat zu holen. Sie wendet sich an übergeordnete, kosmische Kräfte. Es geht jetzt also darum, dass jeder der beiden Partner sich für sich und selbstständig entwickelt. Die Frau bleibt auf die Erlösung des Mannes bezogen – er hat genug zu tun mit seinem Drachenkampf. Von der Sonne erhält sie ein Kästchen, und wir wissen vom Schluss des Märchens her, dass darin ein Kleid liegt, so glänzend wie die Sonne selber. Durch das Sich-Konzentrieren auf das Sonnenhafte in ihr und auf das Sonnenhafte im Leben ganz allgemein erhält sie ein Kleid, eine Ausstrahlung, die diesem Sonnenhaften in ihr entspricht.

Bei der Sonne geht es offenbar um das Glänzen, das Strahlen, um Licht und um Wärme, auch um den Herrscheraspekt. Bestimmt besteht auch ein Zusammenhang mit dem Symbol des Löwen, der ja auch ein Sonnentier und ein Herrschertier ist. Das ist der eine Aspekt; der andere Aspekt ist wohl die Sonne als das Gestirn des Tages – bedenken wir, dass zunächst die beiden im Löwenstadium ja nur in der Nacht wach gewesen sind. Jetzt kann die Frau zum Taggestirn gehen, sodann zum Nachtgestirn, dem Mond, der ihr ein Ei gibt, das Ei als ein Symbol der Fruchtbarkeit, der Potenzialität. Wir wissen auch, dass aus dem Ei eine Glucke mit Küchlein, alle aus Gold, herauskommt – es handelt sich also wirklich um eine wunderbar fruchtbare Sache. Der Mond hat da seine Beziehung zum Kult der Fruchtbarkeit in sehr hintergründigen Symbolen bewiesen. Die Konzentration auf das Mondhafte bringt der Frau die Lebensgewissheit, dass aus einer Möglichkeit Aktualität werden kann, dass sich das Leben schöpferisch verändert – aber auch Rhythmen unterliegt.

Der Wind als Symbol des Geistes, aber auch als Symbol einer inneren Energie, die von den Sinnendingen abgelöst ist, »weiß«, wo der Mann ist. Mit dem Sich-Konzentrieren auf das Windhafte, auf das Fließen der Energien, wohin sie wollen – abgelöst von jeder Absicht –, erhält die Frau die Vision, die ihr zeigt, in welcher Situation ihr Mann sich befindet.

Mit diesen drei Stufen, so sinnvoll sie in sich sind, weil sie alle zusammen auch wesentliche Aspekte menschlichen Erlebens und Lebens symbolisieren können – projiziert in den Kosmos –, ist natürlich auch ausgedrückt, wie unermesslich weit die Frau gehen muss, um zu erfahren, wo ihr Mann sich befindet. Dieses immer noch Auf-ihn-Bezogen-Sein, auch als sie schon längst keine Hoffnung mehr hat, diese ziellose Zielgerichtetheit, die ihn nie festlegt, aber darauf zielt, ihn letztlich zu finden und zu erlösen, wie sie hofft – dies alles bewirkt tatsächlich die Erlösung. Es ist Ausdruck einer tiefen menschlichen Liebe, die nicht mehr auf schnelle Lusterfüllung aus ist, sondern darauf, das ganze gemeinsame Mysterium der Liebe zu erfahren.

Die junge Frau wirkt enorm mutig in diesem Märchen; unerschrocken tut sie, was nottut, achtet der Gefahr nicht, weil sie das Ziel vor Augen hat, ihren Mann zu finden.

Der Südwind weiß schließlich Rat: Die weiße Taube ist zum Roten Meer geflogen, ist wieder zum Löwen geworden und kämpft mit dem Lindwurm; der Lindwurm aber ist eine verzauberte Königstochter. Mit der elften Rute soll die junge Frau den Lindwurm schlagen, dann kann ihn der Löwe bezwingen. Endlich sollen sie mit dem Vogel Greif übers Meer fliegen – und vom Südwind erhält sie auch noch die Nuss, aus der dann mitten im Meer ein Baum wachsen wird. – Der erste Baum war mitten im Wald ...

Hier wird nun der innerseelische Konflikt des Mannes dargestellt: Der Löwe kämpft mit dem Lindwurm, der dem Drachen entspricht. Der Drache ist ein altes Ungeheuer, das zwar Schätze hütet, aber auch alles fressen will, was ihm in den Weg kommt, besonders die jungen Leute. Man könnte sagen, dass der junge Mann wieder in einen Löwen verwandelt werden musste, um gegen diesen Drachen, das Drachenhafte in ihm, zu kämpfen, das einer destruktiven Seite in ihm entsprechen könnte, die alles, was zum Leben drängt, auffrisst und verhindern möchte. So wie der Löwe als Sonnentier gilt, so gilt der Drache als Höhlentier und kann einem Aspekt des Mutterkomplexes entsprechen, wo die Höhle zum Gefängnis wird, wo das Prinzip der Träg-heit, des Sich-nicht-Entwickelns dominiert. Der Kampf mit dem Drachen kann aufgefasst werden als Kampf mit der ewigen Tendenz zum Rückfall, der sich einem Bewusst-seinsfortschritt und damit auch einem Beziehungsfort-schritt entgegenstellt. Solange dieser Drache da ist, so lange kann auch die Löwennatur nicht abgelegt werden. Der Kampf hier kann aber nur mit Hilfe der Frau gewonnen werden: sicher nicht nur, indem sie die elfte Rute aus dem Roten Meer abschneidet, sondern eben dadurch, dass sie ihn so lange begleitet hat. Das Rote Meer kann Hinweis darauf sein, dass das Märchen einen orientalischen Ur-sprung hat, es kann aber auch als Symbol für die Gesamt-heit aller roten Blutstropfen aufgefasst werden, und das würde darauf hinweisen, dass jetzt das Leiden »gesammelt« ist, dass nun etwas Neues aufbrechen kann.

Auch wenn sich der Bann recht leicht lösen lässt und der Löwe den Kampf gewinnt, ist die Not noch nicht ausge-standen: Jetzt wird der Mann auch noch entführt. Eigen-tümlich, da er doch eigentlich den Kampf jetzt gewonnen haben müsste! Er trifft auf eine Frau, die über ihn verfügt, und scheint sich dabei gar nicht so schlecht zu fühlen. Falls der Lindwurm etwas mit einem Mutterkomplex zu tun hat, so hat der Mann jetzt eine Frau gefunden, die im Sinne seines Mutterkomplexes über ihn verfügt, ihn zur Regres-sion verführt – wenn er auch nicht gerade mehr vom Dra-chen heimgeholt wird. Die Regression findet auf einer nächsten, menschlicheren Stufe statt. Und die arme »rich-tige« Frau hat wiederum das Nachsehen.

Wir haben hier das Motiv der falschen Braut vor uns und diese Episode zeigt deutlich, dass die Verzauberung des Mannes noch immer nicht ganz aufgehoben ist. Erst als er seine Gemahlin erkennt, kann er endgültig sagen, jetzt sei er erlöst, jetzt sei etwas wie eine Betörung von ihm genommen. Er ist jetzt kein Tier mehr, kein Löwe und auch kein Vogel mehr, aber er ist einer andern Frau verfallen, die über ihn verfügt, die ihn nicht autonom sein lässt. Er lebt in einer Gefühlsverirrung, einer Faszination vielleicht, die ihn von seinem eigentlichen Leben wegbringt.

Das Paar, das ich vorhin erwähnte, hat sich mit viel Hoffnung auf die Suche nach einer gemeinsamen neuen Dimension gemacht, wohlwissend, dass jeder an sich arbeiten musste, wobei es bei der Frau im Wesentlichen darum ging, das vom Vater Geprägte in Frage zu stellen, auch ihre allzu eindeutigen Ideen, wie das Leben und die Partnerschaft zu sein hätten. Bei ihm ging es um die Aufarbeitung seines Mutterkomplexes, seiner Angst vor Kontinuität, vor Verpflichtung.

Nach langer Zeit – mit vielen Rückfällen – wurde der Mann realitätsverbundener, konnte arbeiten, entschloss sich, Dinge zu Ende zu bringen, die er zuvor alle nur angefangen hatte; er wurde erfolgreicher – und vergaß darüber seine Frau. Es war eine neue Dimension ins Leben gekommen, er kam sich plötzlich männlich und tüchtig vor, aber die Beziehung war ihm überhaupt nicht mehr wichtig. Die Beziehung hatte für ihn nicht als Beziehung an sich einen Wert gehabt, sondern sie war ihm Tröstung in seiner Lebensuntauglichkeit gewesen. Da er jetzt lebenstauglicher geworden war, glaubte er sie nicht mehr nötig zu haben. Die Frau aber kämpfte dann sehr um die Beziehung – mit Erfolg.

Im Märchen kämpft die Frau auch um die Beziehung. Sie muss alles einsetzen, alle Gaben, die sie auf der Wanderung erhalten hat, alles, was sie auf der Suche entwickelt hat – und wenn sie auch fast nicht mehr mag, sie hält aus. Solange der Wind weht, will sie weitergehen. Eine fast übermenschliche Bezogenheit und auch eine ungeheure Beharrlichkeit zeigen sich da. Und ihre Beharrlichkeit trägt Früchte: Der Mann erinnert sich an sie, sie kann ihm ihre Geschichte erzählen, sie kann ihm ihre gemeinsame Geschichte und ihre traurigen Gefühle vermitteln. Über ihre Trauer wohl findet er auch zu seinem Gefühl und kann die andere Königstochter lassen. Jetzt trägt der Vogel Greif – übrigens eine Mischung von Löwe und Vogel – sie nach Hause und im Meer können sie auf dem Baum, der aus der Nuss wächst, ausruhen. Dieser Nussbaum symbolisiert wohl ihre gemeinsame Individuation, ihren Weg der Selbstwerdung, den Weg aus der Verzauberung heraus. Ihr Kind aber war groß und schön geworden, und das scheint mir ganz wichtig zu sein. Das Kind stammt aus der Phase ihrer Verzauberung, aber es wird dennoch groß und schön: ein Grund, solche Phasen im Leben eines Menschen nicht abzuwerten, sondern sie als vollwertige Phasen zu sehen, die zu diesem Leben jeweils gehören und die nur, wenn es Zeit geworden ist, abgelöst werden müssen durch das, was notwendig ist.

*

Es sind verschiedene Wege, die in den in diesem Buch gesammelten Märchen zu einer befriedigenden Beziehung führen – und immer sind diese Wege mit viel Anstrengung verbunden, aber auch mit unverhofften glücklichen Zufällen. Im Notfall wird den Märchenhelden und Märchenheldinnen geholfen.

Anmerkungen

1 *Der Eisenhans*, in: Kinder- und Hausmärchen. Gesammelt durch die Brüder Grimm. Düsseldorf, Artemis & Winkler 1997, S. 635–643. [Orthografie und Interpunktion wurden behutsam den heute geltenden Regeln angeglichen.]

2 W. Laiblin, Der wilde Mann, in: Die Neurose als psychosoziales Problem. Stuttgart, Klett 1961, S. 187–231.

3 P. Delarue/M.-L. Tenèze, Le conte populaire français, II. Paris, Erasme 1957, S. 225.

4 Martin Ninck, Die Bedeutung des Wassers im Kult und Leben der Alten. Darmstadt, Wissenschaftliche Buchgesellschaft 1967, S. 175.

5 *Jorinde und Joringel*, in: Kinder- und Hausmärchen. Gesammelt durch die Brüder Grimm. Düsseldorf, Artemis & Winkler 1997, S. 382–384. [Orthografie und Interpunktion wurden behutsam den heute geltenden Regeln angeglichen.]

6 Vgl. Novalis, Hymnen an die Nacht, in: Novalis, Gedichte, Romane. Hg. von Emil Staiger. Zürich, Manesse 1968.

7 *Der grüne Ritter*, in: Norwegische Märchen, Band 1: Die Kormorane von Ut-Röst. Übers. von Käthe Wolf-Teurer. Stuttgart, J. Ch. Mellinger 1965. [Orthografie und Interpunktion wurden behutsam den heute geltenden Regeln angeglichen.]

8 Verena Kast, Imagination als Raum der Freiheit. Dialog zwischen Ich und Unbewusstem. Olten/Freiburg i. Br., Walter 1988.

9 Vgl. Ruth Amman, Traumbild Haus. Olten/Freiburg i. Br., Walter 1987.

10 Dieses Märchen stammt aus Pommern. In pommerschen Märchen wird oft die Türkei erwähnt, wobei die Türkei wohl das ganz und gar fremde Land meint, das weit, weit fort ist, das nur in langen, mühsamen Reisen erreicht werden kann.

11 *Der Pilger*, in: Jahn Ulrich, Volksmärchen aus Pommern und Rügen I. Norden/Leipzig 1891, S. 168–175. [Orthografie und In-

terpunktion wurden behutsam den heute geltenden Regeln angeglichen.]

12 Heino Gehrts, Das Märchen und das Opfer. Untersuchungen zum europäischen Brüdermärchen. Bonn, Bouvier 1967.

13 Verena Kast, Loslassen und sich selber finden. Die Ablösung von den Kindern. Freiburg i. Br., Herder 1991, S. 71 ff.

14 Verena Kast, Entwurzeln – Verwurzeln. Trauerprozesse bei Umbrüchen, in: Abschiedlich leben. Umsiedeln – Entwurzeln – Identität suchen, hg. von P. M. Pflüger, Olten/Freiburg i. Br., Walter 1991.

15 Der Eisenofen, in: Kinder- und Hausmärchen. Gesammelt durch die Brüder Grimm. Düsseldorf, Artemis & Winkler 1997, S. 600–605. [Orthografie und Interpunktion wurden behutsam den heute geltenden Regeln angeglichen.]

16 Vgl. Johannes Bolte/Georg Polívka, Anmerkungen zu den Kinder- und Hausmärchen der Brüder Grimm, Band III. Hildesheim, Olms 1963, S. 43.

17 Der Froschkönig oder der eiserne Heinrich, in: Kinder- und Hausmärchen. Gesammelt durch die Brüder Grimm. Düsseldorf, Artemis & Winkler 1997, S. 39–43.

18 Vgl. I. Pâedel, Farben. Stuttgart, Kreuz 1983.

19 Das singende springende Löweneckerchen, in: Kinder- und Hausmärchen. Gesammelt durch die Brüder Grimm. Düsseldorf, Artemis & Winkler 1997, S. 437–443. [Orthografie und Interpunktion wurden behutsam den heute geltenden Regeln angeglichen.]

20 Vgl. Johannes Bolte/Georg Polívka, Anmerkungen zu den Kinder- und Hausmärchen der Brüder Grimm, Band II. Hildesheim, Olms 1963, S. 229 ff.

Die in diesem Band enthaltenen Märcheninterpretationen sind den folgenden bereits im Walter Verlag erschienenen Titeln Verena Kasts entnommen:

Familienkonflikte im Märchen. Eine psychologische Deutung (1984)
Wege aus Angst und Symbiose. Märchen psychologisch gedeutet (1982)
Liebe im Märchen (1992)
Wege zur Autonomie. Märchen psychologisch gedeutet (1985)
Mann und Frau im Märchen. Eine psychologische Deutung (1983)

Die Interpretationen wurden für den vorliegenden Band in neuer Auswahl zusammengestellt, inhaltlich überarbeitet und ergänzt sowie mit einem neuen Vorwort versehen.

Was Kreativität kann

Verena Kast
Schöpferisch leben

166 Seiten
Hardcover, 12 x 19 cm
ISBN 978-3-8436-0838-1

Auch als eBook

Wenn wir schöpferisch werden, können wir Lebensprobleme besser bewältigen. Wir lernen etwa, mit Ängsten und Krisen gelassener umzugehen. Eine schöpferische Haltung ermöglicht aber vor allem die Entfaltung unserer Persönlichkeit. So können wir z.B. die Spannung zwischen Erinnerung und Sehnsucht kreativ nutzen oder durch den Lebensrückblick heilsame Impulse bekommen. Die renommierte Jung'sche Analytikerin Verena Kast ermutigt dazu, die bereichernde Kraft eines schöpferischen Lebensstils zu entdecken. Ihr Buch zeigt, welche ungeahnten Möglichkeiten eine kreative Grundhaltung für die eigene Entwicklung birgt.

PATMOS
www.patmos.de